Kanban für Anfänger

Grundlegendes über den Einsatz von Kanban in der Industrie und der Softwareentwicklung

Wie Kanban in der Praxis funktioniert

von Franz Millweber

Inhaltsverzeichnis

1. Einleitung

Sowohl in der industriellen Fertigung als auch in der Softwareentwicklung sind die Produktionszyklen immer kürzer, die Anforderungen an Qualität immer größer und Ressourcen immer knapper. Hinzu kommt ein Umfeld, welches unsicherer nicht sein könnte. Selbst der Mittelstand spürt heute schon, wie schnell neue Technologien und Management-Methoden ganze Industrien erobern und umkrempeln. Die Softwareentwicklung war seit jeher ein Feld gewesen, in dem Teams eng miteinander zusammengearbeitet haben. Umso überraschender ist, dass eine Technik, die man als die Mutter aller agilen Methoden bezeichnen kann, ausgerechnet aus der Autoindustrie kommt: Kanban.

In diesem Buch wirst Du lernen, was Kanban bedeutet, wie man es einsetzt und wo es sinnvoll ist und wo nicht. Wie viele andere Ansätze, sei es in Agile oder im klassischen Wasserfall-Projektmanagement, ist auch Kanban keine Wunderwaffe und hat seine Grenzen. Einige davon werden Dir in diesem Buch aufgezeigt. Um Kanban zu lernen brauchst Du lediglich dieses Buch, ein wenig Zeit und Lust darauf, Neues auszuprobieren. Du brauchst nicht einmal Software, sondern kannst Kanban sogar auf einem Zeichenblock ausprobieren, oder an Deiner Wohnzimmerwand.

Das Buch gibt Dir zunächst eine Übersicht über die wesentlichen Grundlagen von Kanban und die wichtigsten Begriffe, damit Du ein Verständnis für das dahinter liegende Prinzip des möglichst gleichmäßigen Arbeitsflusses entwickeln kannst. Dann stellen wir Dir die wichtigsten Werkzeuge vor, die Du in Kanban verwendest, das Board und die Cards. Schließlich gehen wir auch kurz auf Kanban in der industriellen Produktion ein und zeigen ein paar Anwendungen auf, in denen Kanban noch eingesetzt werden kann.

Damit Du schon einmal eine Vorstellung bekommst, was Kanban in wenigen Worten bedeutet, hier die kompakte Form:

> Bei **Kanban** fließt Arbeit entlang eines übersichtlichen Spaltenmodells von To-Do zu Doing bis zu Done, wobei die Spalten Beschränkungen haben, was die Zahl der Arbeiten angeht. Außerdem werden die Aufgaben nicht geschoben, sondern geholt.

Wir haben den Schwerpunkt in diesem Buch auf die Softwareentwicklung gelegt, werden aber bei den Beispielen auch immer wieder kurz andere Bereiche ansprechen, schon deshalb, weil es manchmal etwas anschaulicher ist.

2. Was bedeutet Kanban?

Es war einmal ein Mitarbeiter beim Autohersteller Toyota, Taiichi Ohno, der sich Gedanken gemacht hatte, wie er die Effizienz bei der Autoproduktion verbessern kann. Der Begriff Kanban bedeutet im japanischen schlicht "Karte". Ohno entwickelte ein System, in dem jedes Produktionsteil eine Karte bekam. Diese Karte gab an, um welches Teil es sich handelte, und meistens noch eine Inventarnummer und die Angabe, wo es zu finden war. Wichtiger aber waren zwei wietere Kennziffern: Die Mindest- und Höchstmenge dieses Teils, die vorhanden sein muss, und die Information, wann eine Neubestellung ausgelöst werden muss.

Eines der Probleme bei den Autoproduzenten und ihren Lieferanten war die Abschätzung der Produktionsmenge. Meistens wurde für Monate im Voraus geplant und produziert. War die Nachfrage nach Autos zu gering, quollen die Warenhäuser über, war sie zu groß, fehlten wichtige Teile um genügend Autos herzustellen.

Mit den Kanban-Karten wurde ein System eingeführt, das sicherstellt, dass immer nur so viele Elemente im Warenlager sind, wie auch gebraucht werden. Ohno ging es vor allem darum, Überkapazitäten zu vermeiden. Damit kamen auch die Begriffe "Work-in-Progress" und "Just in time" auf: Die Arbeit, die gerade gemacht wird, bestimmt, welche Ressourcen benötigt werden.
Während Kanban schnell Einzug in die gesamte Automobil- und bald auch andere Industrien fand, erkannte die Softwareindustrie das Potenzial erst recht spät, vor allem weil man davon ausging, dass man ja keine Güter hatte, die Überkapazitäten verursachten. Wenn man allerdings Arbeit und Tickets als Güter versteht, dann kann Kanban durchaus auch in der Softwareentwicklung eingesetzt werden. Man erkennt schnell, dass Lean Manufacturing, die schlanke Produktion, auch bei der Programmierung funktionieren kann. Kanban bot die Möglichkeit, Kapazität und Nachfrage recht gut auszubalancieren und gleichzeitig die oft vorhandenen Flaschenhälse zu beseitigen.

Den Durchbruch brachte ein 2010 erschienenes Buch von David Anderson, der beschrieb, wie er Kanban aus einem Projekt bei Microsoft heraus entwickelte. Entscheidend war bei der Software nicht so sehr die Gefahr der Überkapazität, sondern das Pull-System. Arbeit wurde den Entwicklern nicht mehr gegeben, sondern je nach Kapazitäten waren sie in der Lage, sie selbst zu holen. Den Work-in-Progress stellten in diesem Fall nicht Maschinen dar, die Schrauben für Autotüren brauchten, sondern Designer und Entwickler, die an Software arbeiteten. Zur gleichen Zeit kam auch Scrum auf, ein System, das dem des Kanban ähnlich ist, aber auch Unterschiede aufweist. Der Entwickler Corey Ladas versuchte in seinem Buch "Scrum-ban" beide Ansätze zu vereinen, was dann zu verschiedenen anderen Mischformen führte.

Heute ist Kanban vor allem ein Weg, einen Prozess zu visualisieren und ihn durch die damit verbundene Transparenz zu beschleunigen und Flaschenhälse schnell zu beseitigen. Bei Kanban geht es vor allem darum, dass kontinuierlich gearbeitet wird und Unterbrechungen und Verzögerungen vermieden werden. Der Fokus liegt dabei auf dem Kunden und seinen Bedürfnissen, die erfüllt werden müssen.

Im Mittelpunkt steht das Kanban-Board, eine Tafel, auf der der gesamte Prozess visualisiert ist. Gerade in kleineren Teams und Firmen wird dafür wirklich eine Tafel verwendet, um die man sich am Morgen versammelt und die nächsten Schritte bespricht. Visualisierung ist eine wichtige Grundlage bei Kanban, gleich ob sie elektronisch oder physisch realisiert wird. Die einfachste Form besteht aus drei Spalten. In der ersten befindet sich die Arbeit, die gemacht werden muss, in der zweiten Spalte alles, was in Arbeit ist und in der dritten Spalte die Arbeit, die ausgeliefert werden kann.

2.1 Kaizen

Kanban wird in großen Unternehmen oft dann eingesetzt, wenn zuvor schon eine Kaizen-Philosophie implementiert wurde. Das Wort kommt aus dem japanischen und bedeutet ursprünglich "Veränderung zum Besseren". In Japan wurde dies zu einem Grundsatz der Unternehmensführung und Produktion. Man geht nicht davon aus, dass man auf eine Innovation warten muss und dann alle Ressourcen einsetzt, um diese auch auf den Markt zu bringen. Vielmehr setzte man auf einen kontinuierlichen Prozess der Verbesserung. Dieser orientiert sich an dem Grundsatz, dem Kunden das bestmögliche Produkt zu geben. Die Verbesserung findet dabei auf allen Ebenen einer Organisation statt. Wichtige Punkte bei Kaizen sind:

- Ein offenes internes Vorschlagswesen
- Mitarbeiterführung
- Prozessorientierung
- Qualitätsmanagement

Darüber hinaus gilt es, die Denkweise bei Kaizen zu verstehen. Sie ist fundamental anders als bei klassischen Unternehmen, die im Wesentlichen am Profit orientiert sind und Kosten sparen wollen. Bei Kaizen gibt es andere Prioritäten. Eine Organisation muss sich an folgenden Dingen orientieren:

Prozesse: Nicht das Ergebnis steht im Vordergrund, sondern der Prozess, der dazu führt

Kunden: Produkte müssen den Kunden befriedigen und ihm einen Mehrwert geben

Qualität: Produkte und Dienstleistungen müssen die höchste Qualität aufweisen, die erreicht werden kann. Die Qualität muss deshalb ständig überwacht werden

Kritik: Innovationen und Verbesserungen kommen nur durch einen Diskurs innerhalb der Belegschaft. Deswegen braucht es eine offene Kollaborations-Struktur und ein offenes Vorschlagswesen

Standards: Aus Fehlern lernen heißt auch, die Verbesserungen, die man macht, als neue Standards einzuführen, damit Fehler in Zukunft vermieden werden

Wenn Du Kanban einführen willst, schadet es nicht, sich auch mit Kaizen einmal vertraut gemacht zu haben. Unternehmen, die die wesentliche Denkweise von Kaizen verinnerlichen, werden es leichter haben, Methoden wie Kanban, aber auch Scrum und andere agile Entwicklungsumgebungen einzuführen.

Bei Kaizen wird das Produkt kontinuierlich verbessert, und eine Möglichkeit ist, Flaschenhälse zu identifizieren und zu beseitigen. Daraus wurde dann auch Kanban abgeleitet, weil der Flaschenhals Warenlager das größte Problem darstellte. Aber auch in der täglichen Entwicklung kann es solche Flaschenhälse geben. Aus der Engpass-Theorie kannst Du folgende Lösungen verwenden, die auch Teil der Kaizen-Philosophie sind:

- Identifiziere den Engpass
- Laste den Bereich voll aus
- Sorge dafür, dass nachfolgende und vorgeschaltete Prozesse sich am Engpass orientieren
- Behebe den Engpass

Du kannst als Bild einen Verkehrsstau nehmen, der durch eine Baustelle verursacht wurde. Als erstes stellst Du fest, dass es sich wegen der Baustelle staut. Dann versuchst Du die Baustelle so zu verändern, dass möglichst viele Autos durchkommen. Gleichzeitig versuchst Du über Warnsignale den Verkehr 10 Kilo-meter vorher zu verlangsamen, so dass weniger Autos zur gleichen Zeit die Baustelle passieren. Dann versuchst Du die Baustelle so schnell wie möglich fertig zu bekommen, so dass der Verkehr wieder wie gewohnt fließen kann.

Probleme lösen

Kaizen und Kanban versuchen Probleme nicht nur zu lösen, sondern auch die Ursache zu identifizieren. Wenn eine Aufgabe nicht weiter bearbeitet werden kann, dann gilt es so lange nachzuforschen, warum das Problem entstand, bis diese Frage ausreichend geklärt ist. Hilfreich bei dieser sogenannten Root Analysis ist das 5 W System. Dabei werden fünf Warum-Fragen gestellt, um sicherzustellen, dass man sich nicht mit der erstbesten Antwort zufriedengibt. Ein klassisches und anschauliches Beispiel ist das Zuspätkommen. Nehmen wir an, Du bist zu spät ins Büro gekommen.

1. Warum kommst Du zu spät? Weil ich im Verkehr stecken geblieben bin.
2. Warum bist Du im Verkehr steckengeblieben? Weil ich zu spät losgefahren bin.
3. Warum bist Du zu spät losgefahren? Weil ich verschlafen habe.
4. Warum hast Du verschlafen? Weil ich zu spät ins Bett gegangen bin.
5. Warum bist zu spät ins Bett gegangen? Weil ich noch lange gearbeitet habe.

Nur so kommst Du in diesem Fall auf den wahren Grund des Zuspätkommens. In der Industrie wird die 5 W Methode heute bei vielen Problemen, aber auch bei großen Unfällen und Produktionsausfällen angewendet. In der Softwareentwicklung kannst Du damit herausfinden, warum ein Bug entstanden ist und ob es nur ein kleiner Fehler war, oder ob im System eine Störung vorliegt.

2.2 Kanban in der industriellen Produktion

Kanban kommt eigentlich aus der Produktion und wird dort auch heute noch am meisten eingesetzt. Man wollte das Problem lösen, dass in einem Produktionsprozess oftmals zu viele Teile im Warenhaus herumliegen und an anderen Stellen keine Teile vorhanden sind. Das kann eine Produktion lähmen oder gar zum Stillstand bringen. Mit dem Kanban-System wollte man erreichen, dass immer nur so viele Teile produziert werden, wie auch wirklich gebraucht werden, aber gleichzeitig auch immer genügend Teile verfügbar sind.

Erreichen konnte man das mit einem recht einfachen Mittel: Der Kanban-Karte. Sie liegt allen Teilen bei. Nehmen wir an, dass an einem Arbeitsplatz kleine Lautsprecherboxen produziert werden. Dazu braucht es die Gehäuse, Elektronik, den Lautsprecher selbst und natürlich eine Lötstation, um das alles zusammenzubauen. Jedes Teil, das gebraucht wird, kann aus einem Kasten genommen werden, in dem eine Kanbankarte liegt. Je nach Vorschrift liegt diese Karte am Boden oder aber zum Beispiel auf dem drittletzten Teil. Die Karte zeigt an, um welches Teil es sich handelt, wie viele Teile in einer Box sind, wie viele Teile mindestens in der Box sein müssen. Bei Gütern mit einem Mindesthaltbarkeitsdatum kann auch dieses noch vermerkt werden. Sieht die Person am Arbeitsplatz die Karte, gibt sie diese an das Warenlager oder den Hersteller der benötigten Teile. Dieser füllt dann die Box entsprechend wieder auf.

In der Produktion ist diese Technik deshalb so erfolgreich, weil sie zum einen die reibungslose Lieferung von Produktionsmitteln sicherstellt, zum anderen aber auch Überproduktion verhindert. Es wird Just In Time (JIT) produziert, also nur dann, wenn eine Karte angeliefert wird und damit klar ist, dass die Teile auch gebraucht werden.

Auch wenn das Prinzip der Karten etwas analog klein-gen mag, sind sie doch ein einfaches und effektives Mittel, um das Warenlager und die Zulieferung auf ei-nem aktuellen Stand zu halten. Heute haben viele Kar-ten noch Barcodes, die meistens das Produkt beschrei-ben, das in einem Container abgepackt ist.

Kanbankarten verfolgen aber auch ein komplettes Produkt oder eine Bestellung. Nehmen wir an, Deine Firma hat eine Bestellung von 300 Lautsprechern be-kommen. Diese Bestellung wird auf eine Kanbankarte aufgetragen, die an einem Container angebracht ist, der 300 Container umfasst. Er steht am Ende der Produktionsstraße. Sind die 300 Lautsprecher fertig, wandert er mit der Karte zur Verpackung und von dort aus zum Speditionsunternehmen. Hier kommen vor allem die Barcodes zur Geltung, weil Du ja spätestens, wenn der Container im Laster ist, keinen Zugriff mehr auf die Karte hast. Wird der Container ausgeliefert, wird die Kanbankarte gescannt und der Vorgang wird abgeschlossen. Meistens wird diese Meldung dann noch an die Buchhaltung weitergegeben, die dann eine Rechnung ausstellen kann.

Ein Beispiel ist die Firma Georg Fischer AG, ein Zulieferer in der Automobilindustrie. Das Unternehmen produziert hochbeanspruchbare Gussteile für Autohersteller auf der ganzen Welt. Produziert wird daher in Deutschland, Österreich und in China. Die Gießerei des Unternehmens muss natürlich so gut wie möglich ausgelastet sein, damit der Betrieb sich auch lohnt. Allerdings kommen Bestellungen nicht täglich rein. Das bedeutet, dass man neben der Auslastung auch an Überproduktion denken muss. Bislang bestand die klassische Planung darin, dass das Management versucht hat, ein realistisches Ziel anzugeben, und dass anschließend auf dieses Ziel hin produziert wurde. Das aber führte immer wieder zu Produktionsengpässen und eben auch zu Überproduktion.

Man führte in der Gießerei die Kanbantafeln ein, die den aktuellen Stand der jeweiligen Produktion darstellten. In diese Tafeln werden Kanbankarten gesteckt, die wiederum anzeigen, wo innerhalb eines Prozesses sich ein Teil befindet. Konkret sieht das so aus:

"Die Halbfertigprodukte der Gießerei werden in definierten Behältern gelagert. Sobald ein Behälter gefüllt ist, wird er mit einer entsprechend beschrifteten Kanban-Karte versehen und wandert in die weiterverarbeitende Abteilung. Damit fehlt die Karte an der Steuerungstafel. Sobald die nachgeschaltete Produktionsinsel alle Halbfertigprodukte weiterverarbeitet hat und der Behälter leer ist, kehrt die Karte zurück in eines der Fächer an der Tafel. Wenn also keine Karte mehr an der Steuerungstafel ist, sind alle Behälter im Umlauf."[1]

Die Kanbantafeln dienen zum einen als Überblick und Hilfe bei der Planung, zum anderen zeigen sie auch die Dringlichkeitsstufen an. Die Tafeln haben auch noch einen weiteren Vorteil: Sie zwingen die Mitarbeiter verschiedener Abteilungen, sich vor ihnen zu versammeln und gemeinsamen zu besprechen, wie die Produktion läuft, ob es Problem gibt und wie diese gelöst werden können.

---

[1] Weigand: Die Kanban Methode in der Praxis. URL: https://www.weigang.de/de/themenwelt/methoden/kanban/kanban-anwendungsbeispiel [Stand: 20-08-2018)

3. Kanban in Softwareentwicklung

Kanban wird heute aber auch in der Softwareentwicklung und allgemein im Projekt-management eingesetzt, wenn auch in etwas abgewandelter Form. Da es bei den meisten Projekten nicht so sehr darum geht, Überkapazitäten im Lager zu vermeiden, hat Kanban hier ein Augenmerk auf den Fluss. Während in der Industrie die Karten am wichtigsten sind, ist es bei anderen Projekten das Board, das einen Überblick über den aktuellen Stand gibt. Kanban gilt als ein neuer Weg, um Produkte schnell und effizient zu entwickeln.

Den Einsatz in der IT haben wir vor allem David Anderson zu verdanken. Anderson kam bereits 1997 mit agilen Entwicklungsmethoden in Kontakt, als er an einem Projekt in Singapur bei einer Bank arbeitete. Im Jahr 2005 entwickelte er für Microsoft das erste Konzept der agilen Entwicklung. Sein 2003 erschienenes Buch "Agile Management for Software Engineering – Applying the Theory of Constraints for Business Results" und das Nachfolgewerk "Kanban: Successful Evolutionary Change for Your Technology Business" waren die Begründer von Kanban in der IT-Industrie. Heute ist

Anderson Kanban-Trainer und hilft Unternehmen, Kanban bei Projekten einzusetzen.

3.1 Wofür und wofür nicht

Bei der Auswahl von Projektmanagement-Systemen solltest Du immer das Ziel vor Augen haben und überlegen, wie Du dieses am besten erreichen kannst. Kanban kann Dir in manchen Fällen eine große Hilfe sein, und in anderen Fällen die komplett falsche Wahl darstellen.

Kanban ist am besten:

- Wenn Dein Unternehmen bestimmte Rollen bereits etabliert hat und diese weitgehend behalten will.
- Wenn Du Dinge schnell entwickeln willst und diese nach Prioritäten geordnet haben möchtest.
- Wenn Du ständig eine gute Übersicht über den Fortschritt und den aktuellen Stand haben willst.

- Wenn Du einen holistischen Überblick haben willst, der auch die Arbeit der Zulieferer oder exter-ner Kräfte einschließt
- Wenn Du eine einfache Methode suchst, die kaum Erklärungen braucht und von jedem verstanden wird
- Wenn Du mit möglichst wenig Regeln auskommen willst
- Wenn Du ein Team hast, das gerne zusammenarbeitet und in der Lage ist, sich selbst zu organisieren

Kanban eignet sich dann nicht, wenn:

- Die Arbeit nicht in kleine Stücke aufgeteilt werden kann
- Hierarchische Entscheidungsstrukturen vorhanden sind
- Es als Framework benutzt werden soll
- Arbeit in Wellen kommt
- Es gilt, ein Projekt zu gestalten

Der Fokus von Kanban liegt darauf, Arbeit schnell und mit hoher Qualität zu erledigen. Es ist sehr nahe an “Getting Things Done”, will also die Arbeit erledigt haben. Deswegen verzichtet es auf formale Schleifen, wie sie in vielen anderen Systemen wie Scrum vorhanden sind.

Kanban kommt bei der Softwareentwicklung schnell an seine Grenzen was die Skalierung angeht. Je größer und vor allem je komplexer ein Projekt, umso schwieriger wird es, dies in Kanban noch darzustellen. Entweder wirst Du es in mehrere kleinere Kanban-boards und Projekte unterteilen müssen, oder aber Dich nach einem anderen Projektmanagementsystem umschauen müssen. Eine genaue Größe, ab wann Kanban nicht mehr ausreichend ist, kann aber nicht gegeben werden. Als Faustregel gilt: solange es nur darum geht, Dinge im Fluss zu halten und etwa 30 - 40 Arbeiten gleichzeitig zu erledigen, sollte ein Kanban-board noch funktionieren.

Der Kanban Pionier Klaus Leopold hat sogenannte **Flight Levels** geschaffen, die darstellen sollen, wo man in einem Unternehmen Kanban einsetzen kann.[2]

Level 1: Teams haben leichten Zugang, der nicht kontrolliert wird. Es besteht die Gefahr der Überforderung.

Level 2: Teams haben einen kontrollierten Zufluss zum System und bekommen damit nur so viel Arbeit, wie das Team auch bewältigen kann. Das Problem hierbei ist, dass in einem Unternehmen Teams auch projektübergrei-fend arbeiten und nicht isoliert werden kön-nen.

Level 3: Hier steht nicht das Team, sondern die Wertschöpfung im Mittelpunkt. Es geht darum, die Wertschöpfung zu optimieren, daher wird Kanban auch in mehreren Teams innerhalb der Organisation verwendet.

---

[2] Leopold, K. (2017): Flight Level: The Organizational Improvement Levels. URL: https://www.leanability.com/en/blog-en/2017/04/flight-levels-the-organizational-improvement-levels [Stand: 10-08-2018]

Level 4: Hier wird Kanban im Portfolio eingesetzt, da unternehmensweit mehrere Wertschöpfungsketten betroffen sind und in den Prozess eingebunden werden müssen. Dieses Level wird man eher in den Strategie-Abteilungen und im höheren Management finden.

Du kannst daran schon erkennen, dass Kanban vielfältig einsetzbar ist und nicht nur auf ein Team oder Projekt beschränkt ist, sondern auch ein komplettes Unternehmen einnehmen kann.

3.2 Unterschiede zwischen Scrum und Kanban

Sowohl Kanban als auch Scrum sind agile Methoden, die sich von den klassischen Planungsbürofokussierten Projektmethoden unterscheiden. Oftmals wird Kanban als eine Art Meta-Ebene von Scrum verstanden, aber das ist falsch. Scrum hat einen ähnlichen Ansatz, aber eine andere Methodik als Kanban.

Planung

Bei Scrum muss eine Menge geplant werden, und auch in der Umsetzung gibt es ständige Planungen. Vor allem die Sprints sind sehr planungsintensiv. Kanban kennt solche Sprints nicht. Es gibt nur Arbeit, die gemacht werden muss und solche, die gerade erledigt wird (und erledigte Arbeit). Die Zeit spielt (zunächst) keine Rolle, dafür aber die Menge der Arbeit, die gerade erledigt wird.

Iterationen

Wesentlicher Bestandteil von Scrum sind die Iterationen, die sicherstellen sollen, dass es eine ständige Verbesserung gibt. Bei Kanban geht der Fluss nur in eine Richtung, was aber nicht bedeutet, dass es keine Verbesserungen gibt. Nur werden diese über Feedbackmeetings erreicht. Gibt es bei einem Software-Bestandteil Probleme, bleibt es als Work in Progress, bis das Problem gelöst ist. Solange kann auch keine weitere Arbeit angenommen werden (es sein denn, andere Arbeiten werden erledigt).

Rollen

Bei Scrum gibt es zwar wenige, dafür aber sehr essentielle Rollen: Den Scrum-Master und den Produkt-

Owner. Ohne diese Rollen funktioniert Scrum nicht, denn sie sind wichtig bei Entscheidungsprozessen, vor allem wenn es darum geht, welche Arbeit Priorität hat. Bei Kanban gibt es gar keine festgelegten Rollen, vielmehr wird auf Kollaboration gesetzt. In der Praxis hat sich aber durchgesetzt, dass es mindestens eine Art Projektmanager braucht, der auch Entscheidungsbefugnis hat, wenn gemeinsam keine Lösung gefunden werden kann.

Ständiger Fluss bei Kanban

Bei Scrum werden die Sprints abgearbeitet und dann wieder von neuem angefangen. Bei Kanban gibt es diese Form des Resets nicht, vielmehr werden ständig neue Arbeiten aus dem Fundus geholt, solange das Work in Progress Limit nicht erreicht wurde.

3.3 Scrumban

In den meisten Fällen, in denen heute Agile verwendet wird, benutzt man Mischformen aus verschiedenen Ansätzen. Eine hat sich als besonders gut erwiesen, weil sie die Vorteile beider Systeme hat, ohne aber größere Nachteile zu haben: Scrumban ist, wie der Name es vermuten lässt, eine Kombination aus Scrum und Kanban. Der wesentliche Vorteil ist, dass man die schnellen Entwicklungszyklen von Scrum mit der guten Gesamtübersicht von Kanban verbinden kann. Es handelt sich dabei eher um ein Managementframework, als eine konkrete Entwicklungsumgebung. Es gibt keine Bibel für Scrumban, und man weiß nicht einmal, wer es erfunden hat. Wahrscheinlich wurde der Name auf einer Konferenz fallen gelassen, auch weil es nahe liegt, die beiden Systeme miteinander zu verbinden. Obwohl es kein Regelbuch gibt, so haben sich doch ein paar Grundkonzepte etabliert, die beide Ansätze miteinander verbinden.

Iterationen

Eines der besonderen Elemente in Scrum sind die kurzen Iterationen, in denen ein Produkt entwickelt wird. Diese dauern meistens nur eine oder zwei Wochen. Sie werden auch in Scrumban beibehalten.

Planung nach Nachfrage

Ein wesentlicher Unterschied zum reinen Scrum ist die nachfrageorientierte Abarbeitung von Aufgaben. Hier kommen die Kanbanelemente zur Geltung: Es wird nur dann etwas aus dem Backlog entnommen, wenn die Kapazitäten dafür wieder frei geworden sind. Das bedeutet konkret, dass sich das Entwicklungsteam am Backlog bedient und es nicht seine Aufgaben vom Produkt-Owner zugewiesen bekommt.

Board

Auch Scrum kennt ein Board, aber das von Kanban gibt einen besseren Gesamtüberblick. Hier gibt es in der einfachen Version die drei klassischen Spalten "To Do, Doing und Done". Hier werden die Aufgaben geplant und in die erste Spalte geschrieben, dann werden Limits für die To-Do und die Doing oder auch Work-in-Progress-Spalte gesetzt. In Scrumban kommt die Mitarbeiter-komponente hinzu, Regel ist, dass ein Mitarbeiter immer nur an einem Task arbeiten sollte.

Rollen

In Scrumban werden keine Rollen eingenommen, sondern die Arbeit wird nach den jeweiligen Fähigkeiten verteilt, also an Designer, Entwickler und Tester. Es gibt keinen Scrum-Master und keinen Produkt-Owner, den Teams wird mehr Verantwortung gegeben, sich selbst zu organisieren.

Meetings

Da der Daily-Scrum und das Morgenmeeting in beiden System eigentlich identisch sind, braucht es da keine Änderung. Man kann sogar die Meetings alle zwei Tage abhalten, sollte aber die 15 Minuten Regel beibehalten.

3.4 Kanban in der Spielentwicklung

Gamedeveloper haben immer schon besondere Ansprüche gehabt, weil die Art und Weise wie ein Spiel produziert wird, sich von Software unterscheidet. Zunächst einmal dauert die Planungsphase wesentlich länger als bei einer klassischen Software, zum anderen ist die Produktion sehr einfach strukturiert. Bei einem Spiel ist es normal, dass man über ein Jahr lang den Spielverlauf plant, Charaktere entwickelt und das komplette Spielsystem erst einmal erfindet. Meistens wird dabei mit einfachen Darstellungen gearbeitet und erst zu einem späteren Zeitpunkt kommt es zu einem wirklichen Workflow.

Ist die Planungsphase oder auch Pre-Produktion abgeschlossen, können die Entwickler und Designer an die eigentliche Arbeit gehen. Anders als bei Software, wo man oft Neuland betritt und viel testen muss, wird bei der Spieleentwicklung vor allem ausgeführt. Deshalb machen dort die klassischen Scrum-Ansätze wenig Sinn und Kanban kommt hier voll zur Geltung. Spieleentwickler beklagen sich oft, dass ihre Arbeit der eines Fabrikarbeiters ähnlich sei, und dem kann man auch zustimmen: Genau das ist der Grund, warum Kanban so gut ist, denn es kommt aus der industriellen Produktion.

Die Boards im Gamedevelopment unterscheiden sich ein wenig von jenen in der Softwareentwicklung. Eine Form, das Heijunka-Board, hat sich besonders durchgesetzt. Es hat folgende Spalten:

Not Started	Script	Concert Art	Level Design	High Res Art	Auto Design	Tuning Pass	Done

Statt einem Ticket werden die verschiedenen Level in das Board eingetragen. Wichtig hierbei ist aber, dass Du sehr genau verfolgst, wie schnell die Entwicklung innerhalb der verschiedenen Level funktioniert. Auch hier gilt es, einen guten Fluss der Arbeit zu haben und deshalb die Zahl der Level zu reduzieren. Allerdings kann es zum Beispiel weniger Zeit brauchen, das Script für das Level 5 zu schreiben, als die High-Res-Version dafür zu erstellen. Das kann am Ende zu einem Stau führen. Wahrscheinlich werden die Level nochmal in kleinere Aufgaben und Tasks unterteilt, die dann wiederum – gerade wenn es ums Coding geht – in Scrum-Sprint-ähnlichen Zyklen entwickelt werden. Auch hier ist Kanban vor allem ein gutes Instrument, um das gesamte Projekt zu überblicken und zu sehen, ob alle Bereiche optimal ausgelastet sind.

4. Die Grundlagen

Bei Kanban gibt es nur wenige Grundsätze, die eher von allgemeinem Charakter sind. Du wirst Dich also nicht mit einer ellenlangen Liste von Anweisungen und Spezialbegriffen beschäftigen müssen, wie es bei anderen Projektmanagement-Systemen oft üblich ist.

4.1 Die Grundwerte

In der Softwareentwicklung haben sich bei der Verwendung von Kanban einige Werte durchgesetzt, die diesem System zu Grunde liegen. Sie bestimmen den Rahmen, in dem Kanban eingesetzt wird, und sollen den beteiligten Mitarbeitern und Teammitgliedern eine Orientierung geben. Sie basieren zum Teil auch auf Kaizen.

Transparenz

Die Teammitglieder sehen Transparenz als wichtige Grundlage, um offen miteinander zu kommunizieren. Man stimmt überein, dass mit dem Teilen von Wissen die Arbeit für alle erleichtert und verbessert wird. Das bedeutet auch, dass man klar und deutlich mit anderen kommuniziert.

Balance

Es gilt eine Balance zwischen den verschiedenen Ansichten, Kapazitäten und Fähigkeiten zu finden, um gemeinsam arbeiten zu können. Sollte das Gleichgewicht verloren gehen, kann das Auswirkungen auf die Produktivität und das Unternehmen haben.

Kollaboration

In einem Kanban-Projekt arbeiten alle zusammen, um das Projekt erfolgreich zum Abschluss zu bringen.

Kundenfokus

Das Produkt, das entwickelt wird, soll und muss den Kunden zufriedenstellen. Deshalb sind alle Aktivitäten danach auszurichten, was dem Kunden nutzen kann. Ein Kunde kann in Kanban auch eine andere Abteilung sein.

Fluss

In Kanban geht es darum, die Arbeit im Fluss zu halten. Das ist eine Kernaussage und jeder Mitarbeiter ist aufgerufen, diesen Fluss sicherzustellen und zu verinnerlichen.

Führung

In Kanban wird geführt, indem man mit gutem Beispiel vorangeht, andere inspiriert und in der Lage ist, zu reflektieren. Führung ist wichtig in Kanban, um den Fluss aufrechtzuerhalten, aber auch um ihn zu verbessern.

Verständnis

Kanban-Mitarbeiter müssen verstehen, welches Wissen und welche Fähigkeiten sie besitzen und wie sie es am besten in den Prozess einbringen können.

Übereinstimmung

In einem Kanban-Prozess sucht man nicht den Konflikt, sondern eine Lösung in Übereinstimmung mit anderen. Es wird gemeinsam gearbeitet, was auch bedeutet, dass andere Meinungen und Ansichten gehört werden müssen. Am Ende steht nicht ein Konsens, sondern die beste Lösung.

Respekt

Kanban-Mitarbeiter haben Respekt vor einander. Sie verstehen und akzeptieren ihre Teammitglieder wie sie sind, und verstehen diesen Respekt als ein Fundament der Zusammenarbeit.

4.2 Visualisieren

Kanban ist schon von seiner Herkunft her eine sehr visuelle Methode. In der Produktion werden selbst in einem High-Tech-Unternehmen heute noch echte Karten eingesetzt, die in kleine Schubfächer gesteckt werden. Auch in der Softwareentwicklung sollte man das Projekt auf jeden Fall visualisieren. Das geschieht meist in Form eines Flowdiagramms, das anzeigt, welcher Bereich die Konzeptphase ist, was den Work in Progress ausmacht, und wie die fertigen Teile abgearbeitet werden.

Das kann zum Beispiel sehr vereinfacht so aussehen:

Der Unterschied zu einem normalen Flussdiagramm liegt dabei in den Kennzahlen, die eingebaut werden. Eine ist die Festlegung zwischen Kunden und Entwickler, wann ein Konzept umgesetzt werden kann. Es ist die Schnittstelle zwischen der Konzeptphase und dem Work in Progress (WiP). In Kanban sind das Regeln, die auch am Board selbst angebracht sind. Sie sind für jedermann sichtbar. Auch am Ende des WiP steht die Festlegung, dass nun das Produkt oder sein Teil ausgeliefert werden kann.

Hinzu kommt, dass bei den Kanban-Visualisierungen Limits festgelegt werden. In einem WiP können nur eine bestimmte Anzahl von Produktteilen gleichzeitig in Arbeit sein. Erst wenn das Limit unterschritten ist, können neue Teile angefangen werden. Für die einzelnen Teile gibt es außerdem Zeitgrenzen.

Dadurch, dass in Kanban auch mit vielen Farben und Symbolen gearbeitet wird, kannst Du mit einem Blick sehen, ob Limits überschritten werden, viel schneller, als wenn Du eine Software starten müsstest. Bei einem einfachen Kanban Board ist das Limit schlicht ein horizontaler Strich in einer Spalte. Über diesen hinaus kann man kein Ticket mehr aufkleben. Jeder sieht damit sofort, ob eine Spalte voll ist oder nicht.

Sowohl die Konzeptionalisierung, als auch der Work in Progress und die Auslieferung müssen innerhalb von festgelegten Zeiträumen geschehen (im Englischen wird die Zeit in der WiP Phase auch als System Lead

Time bezeichnet). Entsprechend muss auch die Auslieferungsrate visualisiert werden. Sie wird berechnet, indem man die "Work in Progress" Teile durch die "Lead Time" dividiert. Um das noch besser darstellen zu können, wird oftmals auch die "Time in Progress" Einheit verwendet, die anzeigt, wie lange ein Produktteil in der Entwicklung ist. Für solche Daten liefert Kanban als Software meistens eigene Analysetools. Allerdings deutet die Verteilung der Tickets und eine eventuelle Clusterung schon sehr gut an, ob Engpässe bestehen oder Überkapazitäten vorhanden sind.

Schließlich wird der Fluss nicht nur angezeigt, sondern findet auch tatsächlich statt, in dem immer wieder Elemente von links nach rechts geschoben werden. Überhaupt ist das eines der wesentlichsten Merkmale von Kanban: Das alles sichtbar ist, sei es auf elektronische Art oder mit Wandtafeln. Und: Es muss für alle sichtbar sein. Wie man die Kanban-Boards organisiert und strukturiert, kann jedes Unternehmen selbst entscheiden, solange man die grundlegenden Regeln befolgt. Gerade bei der Softwareentwicklung wirst Du manchmal an die Grenzen eines Boards stoßen. Des-halb ist es besser, gleich am Anfang zu überlegen, ob das Projekt in kleinere Teile aufgeteilt werden kann, die dann ein eigenes Board bekommen. Allerdings wirst Du dann darauf achten müssen, dass die einzelnen Boards und Prozesse nicht miteinander konkurrieren und zu viele Ressourcen aufbrauchen.

Die einfachste Art, ein Kanban Board zu erstellen, ist drei Spalten aufzuzeichnen: Die erste Spalte wird mit "To-Do" bezeichnet, die zweite mit "In Progress" und die dritte mit "Delivered" oder "Fertig". Du kannst natürlich die Bezeichnungen frei wählen, wichtig ist nur, dass der Grundgedanke erhalten bleibt. Die mittlere Spalte ist für die eigentliche Arbeit vorbehalten. Die dritte Spalte ist auf jeden Fall für fertige Arbeit reserviert.

4.3 Die Menge von angefangener Arbeit reduzieren

Kanban liefert eine recht einfache aber wirksame Methode angefangene Arbeit (Work in Progress) zu reduzieren. Dabei geht es nicht darum, dass weniger Arbeit gemacht wird, sondern vor allem darum, dass in Deinem Projekt nicht an zu vielen Dingen gleichzeitig gearbeitet wird. Alle Spalten in Kanban haben eine Höchst- und manchmal auch eine Mindestmenge. Dabei ist es unerheblich, ob ein Container befüllt werden soll oder ob Teile der Software entwickelt werden. Wie alles muss auch die Menge der angefangenen Arbeit visualisiert werden. Meistens schreibst Du einfach am Fuß der WiP-Spalte eine Zahl, wie viele einzelne Arbeiten zur gleichen Zeit erlaubt sind.

Hier liegt das Pull-System zu Grunde, indem erst dann neue Aufträge angenommen werden, wenn genügend andere abgearbeitet wurden. Das heißt, die Entwickler holen sich die jeweiligen Teile der Software aus den Beschreibungen, wenn sie Kapazitäten frei haben. Im klassischen Projektmanagement wird ein Plan erstellt, was gemacht werden muss, und dann oft dem Team einfach ein Berg an Arbeit vorgelegt (Push). Bei Kanban wird automatisch eine neue Arbeit gezogen, wenn in der Work in Progress Spalte Platz frei geworden ist (Pull).

Einschränkend gibt es noch Prioritäten. Manche Kann-ban-Boards legen die Prioritäten in einem Board fest, andere legen für jede Priorität ein eigenes Board an. Wichtig ist auch hier, dass Du im Blick hast, welche Ressourcen verwendet werden. Es ist meistens besser, alles im Blick zu haben und Regeln festzulegen, wann welche Prioritäten abgearbeitet werden.
Da abgesehen von den Prioritäten die Mitarbeiter frei entscheiden können, was sie als nächstes aus der ersten Spalte entnehmen, kann die Gefahr bestehen, dass es zu einem Ungleichgewicht kommt. Als Projektleiter wirst Du darauf achten müssen, dass es nicht einige Entwickler gibt, die sich die leichten Aufgaben schnappen und andere, die dann eine höhere Arbeitslast haben. Am besten ist es, in morgendlichen Meetings am Board gemeinsam zu besprechen, was als nächstes gemacht wird.

4.4 Alles im Fluss halten

In Kanban muss alles fließen, es ist wie ein kleiner Kanal, den man gebaut hat. Was Du jetzt nicht brauchst, sind Biber, die einen Staudamm bauen oder irgendwie den Fluss blockieren. Du willst, dass – um im Bild zu bleiben – das Wasser aus der Quelle sprudelt, den Kanal entlang fließt und schließlich im Meer endet.

In der Softwareentwicklung sind Biber oftmals Stakeholder, die in den Prozess eingreifen wollen, aber auch falsche Einschätzungen, was die Zeit angeht, die eine Arbeit benötigt. Und diese Zeit ist auch eine wichtige Einheit, um festzustellen, wie gut die Arbeit im Kannban-System fließt. Zeit ist bekanntlich Geld und man kann recht gut darstellen, wie hoch die Kosten von Verzögerungen sind. Du gibst jeder Arbeit einen bestimmten Wert, und je mehr es sich verzögert, umso mehr Wert geht verloren.

In Kanban gibt es vier Typen von Kostenerhöhungen durch Verzögerungen:

> **Beschleunigung**: Kosten schnellen plötzlich in die Höhe

Festes Datum: Ist eine Arbeit nicht zu einem bestimmten Termin fertig, steigen die Kosten auf ein bestimmtes Niveau an (beispielsweise bei Vertragsstrafen für Nichtlieferung)

Standard: eine fast lineare Kurve, die Kosten gegen die Zeit aufrechnet

Unbeschreiblich: Wenn Kostensteigerungen durch Verzögerungen auftreten, Du aber nicht weißt wann

Wie schon vorher beschrieben ist die Lead Time ein guter Indikator, wie gut das Projekt fließt. Um Probleme zu lösen solltest Du immer überlegen

- Was erwartet der Kunde?
- Kann das System es schaffen?
- Was ist mit dem Kunden vereinbart?
- Was kann man dem Kunden auf keinen Fall vorlegen?

4.5 Klare Regeln

Wo viele Menschen zusammenarbeiten braucht es ein paar Regeln, die den Rahmen setzen, in dem man tätig ist. Dieser Rahmen wird durch Regeln bestimmt. Geschaffen werden die Regeln aber nicht von einem Teamleiter, sondern gemeinsam, und zwar bevor das Kanban-Projekt startet. Wichtig ist, dass Dir und jedem im Team klar ist, dass die Regeln eingehalten werden müssen. Wenn die Regel besagt, es können nur 10 Jobs gleichzeitig gemacht werden, dann kann nicht einer im Team entscheiden, noch einen elften Job anzunehmen, der schnell erledigt werden kann.

Die Regeln müssen klar und deutlich sein, und Du wirst sicherstellen müssen, dass auch alle sie verstanden haben. Oftmals ist das auch eine Frage der Sprache und vor allem bei internationalen Teams ist es besser, lieber noch einmal nachzufragen oder sogar abzufragen, wie jemand eine Regel verstanden hat.

Dennoch wird es passieren, dass Regeln geändert werden. Kanban ist ein Projekt im Fluss und es kann immer vorkommen, dass jemand einen Verbesserungsvorschlag hat. Aber auch dafür gibt es eine Regel, wie dieser dann diskutiert und bei Gefallen umgesetzt werden kann. So kann es eben sein, dass 10 Jobs, die gleichzeitig erledigt werden sollen, zu viel Arbeit bedeuten, und man das Limit reduzieren muss. Manchmal kommt es auch vor, dass zu schnell gearbeitet wird und der Kunde gar nicht damit nachkommt, die einzelnen Programmteile abzunehmen und so ein Stau am Ende des Prozesses entsteht.

Die verschiedenen Stufen in Kanban haben auch unterschiedliche Regeln. Es ist üblich, dass die jeweiligen Regeln auch entweder über oder unter den Spalten angebracht und für jeden sichtbar sind. Weil dort wenig Platz vorhanden ist, solltest Du die Regeln immer kurzhalten und klar formulieren. Niemand hat die Zeit und die Lust, sich 10 Seiten durchzulesen.

Ein Problem gerade bei der Softwareentwicklung ist die **Definition of Done**: Wann ist ein Produktteil soweit entwickelt, dass es dem Kunden vorgelegt werden kann (oder zur Weiterentwicklung geht)? In Kanban wirst Du gleich mehrere solcher Definitionen brauchen, weil Du auch mehrere Spalten hast: So wirst Du definieren müssen, wann ein Design fertig ist, wann ein Code fertig geschrieben ist, und wann ein Test abgeschlossen ist. Du wirst aber auch am Anfang festlegen müssen, wann und unter welchen Bedingungen Aufgaben aus der To-Do-Spalte entnommen werden können. Wie in den meisten anderen Entwicklungsmethoden auch sollte die Definition of Done klar und deutlich und damit unmissverständlich formuliert sein.

Für die Entwicklung eines Programmteils kann das so aussehen:

- O Code fertig, mit Kommentaren versehen und lauffähig
- O Code ist von anderen überprüft worden
- O Code hat keine bekannten Fehler
- O Verbleibender Zeitaufwand ist 0 oder positiv

Sind alle Felder gecheckt, kann das Ticket weiter-gegeben werden. Die Definition von Done muss bei Kanban für jede Spalte, aber auch für Unterspalten festgelegt werden.

4.6 Feedback einbauen

Kanban ist nicht nur eine fließende Methode, sondern sie produziert auch Strudel, die Feedback-Loops. In Kanban braucht es ständig Rückmeldungen, die Prozesse bestätigen oder aber Fehler und Probleme aufzeigen, die dann gemeinsam gelöst werden müssen. Mit Kanban schreibst Du nicht einen Prozess auf und wartest darauf, was hinten herauskommt. Vielmehr ist das wie eine Maschine, die Du überwachst, die geschmiert werden muss und wo man hier und da an einer Schraube drehen muss, um alles am Laufen zu halten.

Feedback kann in Kanban auch institutionalisiert werden, dazu gibt es die sogenannten Cadences. Das sind regelmäßige Meetings und Zusammenkünfte, in denen der Status besprochen wird. Hier wirst Du darauf achten müssen, dass die Zeiträume zwischen den Meetings stimmen. Sie sollten nicht zu häufig sein, Du willst schließlich nicht den Fluss stören. Meistens hängt es auch vom jeweiligen Bereich ab, der unter-sucht wird. Strategische Überprüfungen finden nicht so oft statt wie Meetings des Entwicklungsteams. Alle die an der Umsetzung beteiligt sind sollten sich aber täglich kurz treffen, um darüber zu sprechen, ob es Probleme gibt und welche Elemente Priorität haben. Manche Firmen haben auch ein tägliches Meeting für die fertig gestellten Arbeiten, aber das hängt meistens von der Projektgröße und auch der des Unternehmens ab. Je kleiner eine Firma, umso weniger formelle Meetings sollte man machen.

4.7 Besser zusammenarbeiten

Bei Kanban wirst Du mehr als bei anderen Projektmanagement-Methoden und Prozessen mit den anderen Teammitgliedern eng zusammenarbeiten müssen. Kanban sieht das Team als diejenigen an, die gemeinsam den Fluss sicherstellen. Das geht nur gemeinsam, auch wenn es vielleicht einen Teamleader gibt, der die Autorität hat, bestimmte kritische Entscheidungen zu treffen. Kollaboration bedeutet, dass man gemeinsam die Arbeit konzeptionalisiert und definiert, gemeinsam entscheidet, was als nächstes abgearbeitet wird und auch auftretende Schwierigkeiten gemeinsam löst.

Eine Kanbankarte ist auch keine in Stein gemeißelte Tafel, sondern soll vielmehr helfen, einen Prozess und ein Projekt kontinuierlich zu verbessern. Gerade deshalb gibt es die morgendlichen Kanbanmeetings. Es ist durchaus üblich, dass das Kanbanboard am Ende eines Projekts komplett anders aussieht, als es bei der Planung der Fall war. Projekte entwickeln sich in Kanban, das ist gewollt und macht die Methode auch so erfolgreich.

5. Arbeiten mit Kanban

Bei Kanban gibt es zwei wichtige Werkzeuge: Das Kanban Board und die Kanban-Karten. Beide werden eigentlich in der industriellen Produktion verwendet, haben aber auch ihren Einzug in die Softwareindustrie gehalten.

5.1 Kanban Boards

Ein Kanbanboard ist zunächst einmal nur eine Tafel, die mehrere Spalten hat. Die einfachste Form sind drei Spalten, meistens werden heute aber wegen der unterschiedlichen Art der Arbeit mindestens fünf Spalten verwendet. Fast allen gleich ist die erste und die letzte Spalte. Die erste listet die Arbeit auf, die gemacht werden muss und die letzte Spalte, die Arbeit, die ausgeliefert werden kann.

Ein Board kann unterschiedlich aussehen, es kann eine Stellwand sein, die man als Tafel verwendet, oder ein Whiteboard. In der Konzeptphase kannst Du da noch mit Markern arbeiten, später wirst Du das ein wenig besser ordnen müssen. Hier helfen dann klar gezogene Linien.

Nach wie vor werden in den meisten Firmen, die Kanban verwenden, solche Boards aufgestellt. Im letzten Kapitel wirst Du auch Software kennenlernen, mit denen Kanban Boards verwaltet und analysiert werden können. Gerade am Anfang empfiehlt es sich aber, ein echtes Board zu verwenden, denn es ist ein Ort, an dem die Teammitglieder zusammenkommen und diskutieren können (wenn auch zeitlich sehr limitiert). Du wirst Dich viel einfacher auf das Wesentliche konzentrieren können, nämlich die Tickets und Aufgaben, und musst nicht erst lernen, wie eine Software funktioniert. Und schließlich ist eine Wand, die zwei Meter groß ist, immer noch einfacher optisch zu erfassen, als 300 Tickets auf einem kleinen Computermonitor. Unser Gehirn kann visuelle Informationen viel schneller verarbeiten als reinen Text. Da das Kanban Board für uns wie ein Bild erscheint, können wir es besser verstehen und einen Überblick bekommen.
Wenn Du auch noch Farben verwendest, wirst Du das Board noch übersichtlicher machen können. Hier ein Beispiel, wie man mit Farben arbeiten kann:

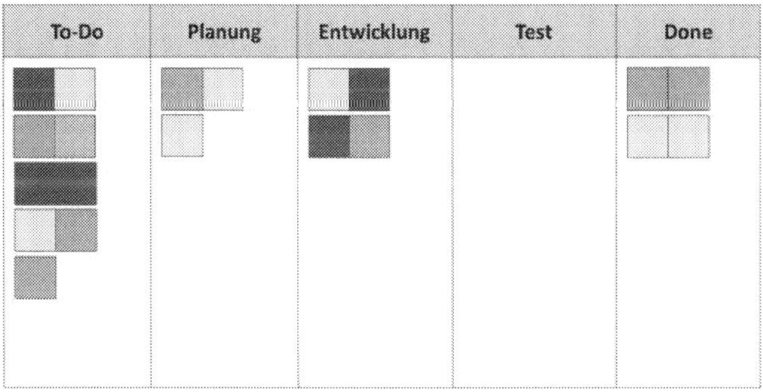

Die verschiedenen Farben repräsentieren unterschiedliche Serviceklassen (siehe weiter unten), die Du natürlich frei zuweisen kannst. Aber Du wirst schon anhand dieser Grafik sehen, dass es recht wenige blaue Tickets im Bereich Test gibt, hier also Kapazitäten frei sind.

Wenn Du in der Bildersuche bei Google "Kanban Board" eingibst, wirst Du erkennen, wie groß die Vielfalt sein kann: Sie reicht von einer kleinen dreispaltigen Tafel bis hin zu meterlangen Wänden, die einen ganzen Raum einnehmen.

Wenn Du darauf bestehen solltest, alles digital zu haben, dann kannst Du das Board auch über einen Projektor an die Wand werfen. Für die Meetings ist das praktisch und Du kannst Platz sparen. Allerdings hat es auch Nachteile, weil es nicht immer sichtbar ist.

Unterspalten bei Kanban

Es ist möglich, die Spalten bei Kanban nochmals zu unterteilen. Das macht vor allem im Bereich Work in Progress Sinn. Hier werden oft die Spalten Design, Entwicklung und Testing nochmal in zwei Unterspalten unterteilt: "In Progress" und "Done". Das gibt Dir einerseits einen noch besseren Überblick, wie weit die einzelnen WiP-Elemente sind, andererseits aber auch dem Team eine bessere und schnellere Übersicht, welche Teile in Done übernommen werden können. Der Pull-Prozess in der letzten Spalte ist eine der Schwachstellen bei Kanban, weil oftmals nicht sofort klar ist, welche Tickets bereits fertig sind und entnommen werden können. Wenn Du nicht mit Unterspalten arbeitest, solltest Du fertige Tickets auf jeden Fall mit einem großen Symbol versehen, zum Beispiel einem grünen Haken.

Swimlanes

Manchmal kannst Du nicht alles in eine dreispaltige Struktur einbringen, sondern brauchst noch Unterscheidungen. Hier kommen die sogenannten Swimlanes ins Spiel. Mit ihnen unterbrichst Du das Kanban-Board horizontal. Gerade im Bereich der Work in Progress kann das hilfreich sein, wenn Dinge gleichzeitig erledigt werden, aber von anderen Teams. Nehmen wir an, Du arbeitest am Update einer Software, die zur gleichen Zeit geschrieben und getestet wird. Wenn Du nicht warten willst, bis Tickets im Coding fertig sind und dem Testing übergeben werden, dann kannst Du auch ein Unterboard einbauen, das allerdings die Done-Spalte mit dem Hauptboard teilt. So etwas kann dann folgendermaßen aussehen:

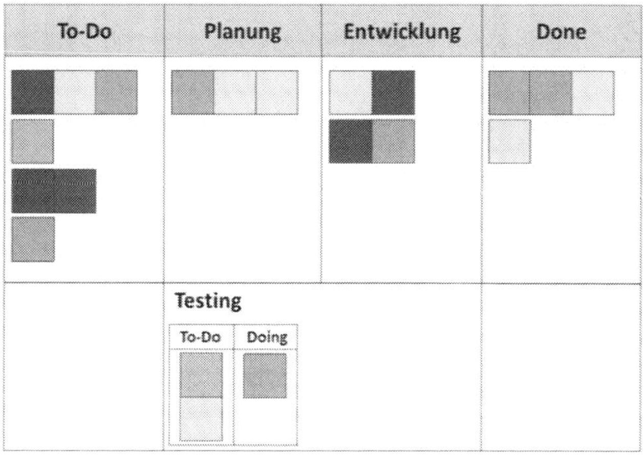

In diesem Fall hat das Testteam sein eigenes Board, hat aber trotzdem noch den Gesamtüberblick und kann sehen, wie weit das Projekt fortgeschritten ist. Ein anderes Beispiel bietet der Bereich Marketing. Hier kann Kanban bei der Umsetzung einer neuen Kampagne verwendet werden. Solche Kampagnen haben

aber heute verschiedene Kanäle, zum Beispiel TV, Digital, Print, soziale Netzwerke. Diese können alle in eigene Swimlanes eingebaut werden, weil sie in der Regel nicht voneinander abhängig sind. Bei Leankit[3] kannst Du noch viele andere Vorschläge sehen, wie Boards, je nachdem, wie sie verwendet werden sollen, aussehen können.
Die Swimlanes können auch benutzt werden, wenn Du Teams hast, die so spezialisiert sind, dass sie immer zusammenarbeiten. In diesem Fall bekommt jedes Team seine eigene Swimlane oder Untertabelle, die wiederum in weitere Spalten unterteilt werden kann, zum Beispiel Doing und Done oder Ready, in Progress, Done.

Diese Swimlanes können sehr praktisch sein, aber auch verführerisch: Denn wenn Du zu viele Unterboards aufmachst, wird das System schnell unübersichtlich und nimmt Kanban damit einen seiner Hauptnutzen. Versuche das Board immer so übersichtlich wie möglich zu machen. Wenn Du mehr als 20 Sekunden

---

[3] Leankit Inc.: 10 Kanban Board Example. URL: https://leankit.com/learn/kanban/kanban-board-examples-for-development-and-operations [Stand: 05-08-2018]

brauchst um etwas zu finden oder zu verstehen, dann ist das Board wohl zu kompliziert.

Ziele

Manche Projektmanager wollen die Ziele, die man sich gesetzt hat, auch sichtbar machen und errichten eine eigene Spalte dafür. Das kann vor allem dann sinnvoll sein, wenn Du Zwischenziele gesetzt hast. Dann kann eine Spalte rechts oder links am Board eingefügt werden, die solche Ziele anzeigt. Sie sollten sich aber nicht auf einen bestimmten Task beziehen, sondern umfassender formuliert sein. Aber: sie müssen auch konkret sein. Es hilft wenig zu schreiben, dass man produktiver sein will. Besser ist, wenn Du das Ziel mit "20 Prozent Produktivitätssteigerung" formulierst.

Stories

In vielen Projekten werden die Tasks auch als Stories bezeichnet. Sie werden in der To-Do-Spalte aufgelistet, und zwar am besten nach Prioritäten geordnet. Die wichtigste Aufgabe sollte immer ganz oben stehen.

In Diskussion...

... kann es passieren, dass es Tasks gibt, bei denen Probleme auftreten und die nicht weiter bearbeitet werden. Normalerweise würde dann ein Blocker eingefügt, der anzeigt, dass der Task ruht und nicht in die Maximalanzahl eingerechnet wird. Diese geblockten Tasks kannst Du aber auch in eine eigene Spalte verschieben, die man als geblockt oder In Diskussion bezeichnet. Hier kann jeder sofort sehen, dass es ein Problem gibt und sich an die Lösung machen. Ist das Problem gelöst, wandert der Tasks wieder in die To-Do-Liste (Nicht in Doing) zurück.

Test

Gerade in der Softwareentwicklung muss viel getestet werden und es ist sinnvoll, wenn das Testen eine eigene Spalte bekommt. Wie schon angemerkt, kann die Test-Spalte auch nochmal unterteilt werden in Im Test und Fertig. Das macht es einfacher zu sehen, welche

Tests schon fertig sind, Du hast aber auch einen besseren Überblick, wie sich das Testen insgesamt entwickelt und ob es zu Staus kommt.

Weitere Variationen für Software-Entwickler kannst Du hier finden:[4]
https://www.sitepoint.com/how-why-to-use-the-kanban-methodology-for-software-development/

Und noch ein Tipp: Ein Board sollte nicht in Stein gemeißelt sein. Wenn Du im Laufe des Projekts das Gefühl hast, etwas sollte geändert werden, dann sprich mit Deinem Team darüber. Für solche Fälle gibt es die unterschiedlichen Meetings, unter anderem das Strategiemeeting.

---

[4] Laptick, S. (2016): How & Why to Use the Kanban Methodology for Software Development.URL; https://www.sitepoint.com/how-why-to-use-the-kanban-methodology-for-software-development/ [Stand: 22-07-2018]

5.2 Kanban Cards

In der Industrieproduktion benutzt man meistens Plastikkarten, die bedruckt werden, oder bei der Materialverwaltung einen Pappkarton mit entsprechendem Aufdruck. Es gibt heute schon Hersteller von Kanban-Boards und Karten, sogar mit Schubfächern und in verschiedenen Farben. Wenn Du Kanban aber eher ausprobieren willst, oder aber es viele Änderungen gibt, was typisch ist für die Softwareentwicklung, dann bist Du am besten mit einem großen und vor allem langen Whiteboard bedient, mit kleinen Zetteln dran, die aufgeklebt werden.

Die Gestaltung der Karten oder Tickets bleibt Dir überlassen, wichtig ist aber, dass nur so wenig Information wie möglich draufsteht. Eine klassische Kanban-Karte in der Softwareentwicklung sieht so aus:

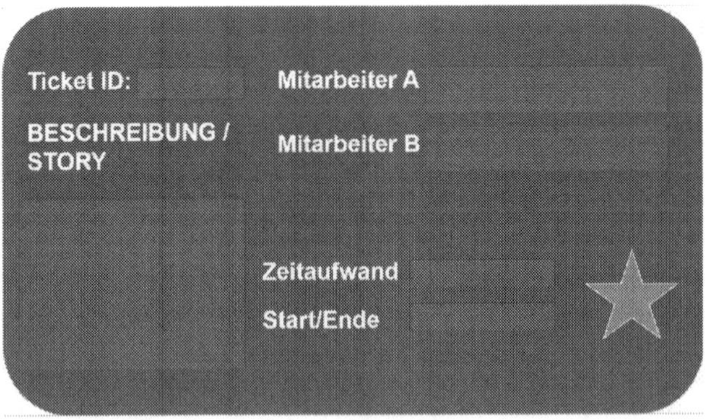

Die wichtigsten Informationen auf einer Karte sind:

- Bezeichnung der Aufgabe
- Ticket ID
- Serviceklasse (kann auch durch Farben dargestellt werden)
- Zeitangaben (Anfang/Ende)
- Verbundene Aktivitäten oder Personen (wenn auch andere Entwickler daran arbeiten müssen)
- Skill-Levels (was muss man können, um den Task zu bewältigen)
- Dringlichkeiten
- Blocker-Symbol (im obigen Fall der Stern)

In der Planungsphase ist es wichtig, sich über das Layout der Karten zu unterhalten und einen Prototypen zu bauen. Wenn die Zeit vorhanden ist, solltest Du mit diesem Prototyp einige Probedurchläufe machen. Diese werden zeigen, ob Du mehr, weniger oder andere Informationen auf der Karte brauchst. Dann kannst Du einen ersten Schwung Karten drucken lassen, am besten auf einem etwas festeren Papier. Drucke allerdings nicht gleich 1000 Karten, denn Du wirst im Verlauf des Projekts feststellen, dass Du etwas ändern musst. Kaum ein Kanban-Projekt ist jemals in der gleichen Form beendet worden, in der es angefangen hat.

Man sieht immer wieder, dass bei Kanban Post-It Sticker verwendet werden. In der Anfangsphase, gerade wenn es um die Planung des Kanbanboards und die einzelnen Elemente geht, funktionieren diese auch. Praktisch ist, dass man sie in mehreren Größen und Farben bekommt. Später jedoch wird es sehr mühsam sie zu beschriften, vor allem wenn Karten bestimmte Konventionen haben sollen. Außerdem hat die Klebekraft eines Stickers auch seine Grenzen, und Du hast besseres zu tun, als heruntergefallene Tickets aufzuheben und zu schauen, wo sie hingehören. Je umfangreicher und vor allem auch langfristiger das Projekt ist, umso eher wirst Du auch eigene Karten bedrucken wollen.

5.2.1 Tracking

Solange die Zahl der Tasks und der Aufgaben, die in Arbeit sind, auf einen Blick erfasst werden können, solltest Du keine Probleme haben, den Fluss zu sehen. Sobald es aber komplexer wird und Du mit verschiedenen Swimlanes arbeitest, kann es schnell unübersichtlich werden. Zwar wirst Du immer noch visuell sehen können, ob es einen Flaschenhals gibt oder Leerlauf, aber wenn es darum geht, ein bestimmtes Ticket zu finden, kann es schon etwas Zeit kosten. Bei Porsche hat man deshalb alle Tickets mit Barcodes versehen. Dieser Barcode enthält alle Informationen über das Ticket. Jede Spalte am Board hat dann einen kleinen Barcode-Scanner bekommen. Wurde ein Ticket verschoben, wurde es auch über den Barcode-Scanner gezogen und damit in die jeweilige Spalte eingecheckt. Etwas einfacher ist es aber, die Tickets mit einem QR-Code zu versehen, der dann mit jedem Handy abgespannt werden kann. Diesen kannst Du entweder gleich auf die Tickets drucken, wenn sie erstellt werden, oder aber kleine Aufkleber machen, die die Ticket-ID beinhalten.

Den Fluss der Arbeit sicherzustellen, das ist die Hauptaufgabe bei Kanban und es gibt verschiedene Möglichkeiten, um zu messen, wie schnell und gut der Strom fließt. Was aber bestimmt "gut und schnell"? Eine einfache Grafik kann da helfen, in der Du auf der einen Achse die Zeit und auf der anderen Achse die Zahl der erledigten Tasks aufzeichnest. Diese Grafik nennt man auch den kumulierten Task-Fluss (Cumultative Task Flow). Noch besser ist es aber, alle Tickets entsprechend ihrem Status (To-Do, Doing, Done) einzurechnen. Dann bekommst Du einen recht guten Überblick, wie der Flow tatsächlich ist. Der Idealzustand wäre, wenn alle Kurven flach verlaufen und sich mit der Zeit langsam nach unten neigen. Letztlich gibt es drei Szenarien:

- Die Kurven zeigen nach oben: Es gibt zu viele Tickets gleichzeitig
- Die Kurve ist flach: Das Projekt verläuft entsprechend Deinem Plan
- Die Kurve zeigt nach unten: Du hast einige Kapazitäten frei, was bedeuten kann, dass Du entweder zu wenige Tasks im Prozess hast oder aber Dein Team schneller arbeitet

Am Anfang wird es normal sein, dass sich die Kurven etwas verändern, vor allem wirst Du am Anfang viele Tickets im Backlog haben. Dieses Chart wird Dir aber nur einen allgemeinen Überblick geben. Was ebenso wichtig ist, sind die Veränderungen bei den Tickets, die in Arbeit sind. Oft wird dies auch als Cycle-Time bezeichnet: Wie lange dauert eine Arbeit und wieviel Zeit ist dafür veranschlagt worden. Wenn jedes Ticket eine Zeitvorgabe bekommt, kannst Du in diesem Chart sehen, ob die Arbeiten zu lange dauern oder aber ob Deine Zeitvorgaben vielleicht falsch waren. Außerdem kannst Du auch messen, wie lange es dauert, bis ein Request insgesamt bearbeitet wird, also die Zeit von Backlog bis zu Done.

Eine weitere Grafik, die wichtig ist, zeigt die geblockten Tasks und wie sie aufgelöst werden. Ein Task kann aus verschiedenen Gründen geblockt werden: Es fehlen weitere Ressourcen, es kam ein Change Request, der Mitarbeiter ist krank geworden. Geblockte Tickets werden aus der Berechnung der maximalen Anzahl an in Arbeit befindlichen Tickets herausgenommen. Solltest Du aber zu viele geblockte Tickets haben, bedeutet das, dass eine Menge Arbeit unerledigt ist. Wenn Du die geblockten Tickets auf einer Grafik gegen eine Zeitleiste aufträgst, kannst Du sehen, wie lange sie stehen bleiben und wie lange sie in der Regel brauchen, um gelöst zu werden. Dein Ziel ist es, so wenige geblockte Tickets wie möglich zu haben, weil sie oft einen versteckten Flaschenhals darstellen können.

5.2.3 Hat Kanban Burndown-Charts?

Eines der beliebtesten Werkzeuge in der Agile-Welt sind die Burndown-Charts. Sie geben an, wieviel Arbeit gemacht wurde, und wieviel Arbeit noch vorhanden ist. Letztlich kannst Du im Burndown-Chart sehen, wie nahe Dein Projekt am Plan ist, was die zeitliche Komponente angeht.

Da Kanban eher prozessorientiert ist und keinen Fertigstellungstermin hat, gibt es keine echten Burndown-Charts. Dennoch kannst Du mit ein paar Tricks feststellen, ob die Arbeit schnell genug erledigt wird. Die Gesamtübersicht gibt Dir bereits einen Überblick, wie die Arbeit verläuft, aber bei einem Burndown-Chart willst Du ja, dass am Ende eine Null steht, die Kurve also in Richtung X-Achse verläuft. Das kannst Du erreichen, indem Du eine Spalte in zwei Spalten aufteilst: Jedes Ticket steht zunächst in der linken Spalte und ist in seine Komponenten aufgeteilt: Diese können Untertickets sein, bestimmte Tests, was auch immer. Wann immer eines dieser Elemente erledigt wurde, kommt es in die rechte Spalte. Am Ende ist die linke Spalte leer und Du hast einen Wert 0, den Du in einer Grafik darstellen kannst.

Solche Tricks werden vor allem bei Scrumban angewendet, einer Mischform aus Scrum und Kanban. Denke immer daran, dass bei Kanban der Fluss der Arbeit im Mittelpunkt steht und nicht, sie beendet zu haben. Burndown-Charts sollten deshalb nur ein Mittel sein, um zu sehen, ob das Projekt rechtzeitig fertig wird, nicht aber, ob es momentan gut läuft.

Ein gutes Tracking wirst Du nur mit einer Software bewerkstelligen können. Du wirst versuchen müssen, das Board auch in Daten umzusetzen. Das geht zum Beispiel über die angesprochenen QR-Codes.

5.3 Warum Pull so wichtig ist und definiert werden muss

Kanban und andere Lean-Managementsysteme leben vom Pull-Prinzip. Das bedeutet, dass auf Nachfrage produziert wird, also nur dann Rohstoffe nachgefordert werden, wenn diese im Arbeitsprozess zur Neige gehen. In der Softwareentwicklung sind diese Rohstoffe die Anforderungen und Produktbeschreibungen. Diese werden nur dann in den Arbeits- und Entwicklungsprozess geholt, wenn die dafür notwendigen Kapazitäten vorhanden sind. Ein zweiter wichtiger Schritt ist die Entscheidung, dass ein Produkt fertig ist und ausgeliefert werden kann. In diesem Fall zieht sich das Auslieferungslager die Produkte zu sich und macht damit wieder Platz im Work-in-Progress-Prozess.

Wenn Software konzipiert wird, dann gibt es vor allem einen großen Anforderungskatalog. Der Kunde hat aufgeschrieben, was er sich von der Software erwartet, die Business- und Produktmanager haben das so formuliert, dass es in Entwicklungsschritte aufgeteilt werden kann, und die Programmierer unterteilen es wiederum in Teile, die zusammen oder getrennt in Codes geschrieben werden können.

Ein klassisches Kanbanboard in der Software-Entwicklung sieht so aus:

To-Do	Design	Entwicklung	Testing	Deliver

In der To-Do-Spalte liegen jene Aufgaben, die sich die Designer, Entwickler oder Tester holen können. Haben sie ein Element entnommen, dann wird es in die entsprechenden Spalten übertragen und meistens mit ihrem Namen versehen. Alle Spalten müssen eine Regel haben was die maximale Anzahl von Arbeiten angeht, die gleichzeitig erledigt werden können. Bei einer kleineren Firma solltest Du aber auch eine Regel haben, die die maximale Zahl von Tickets in Arbeit für eine Person limitiert. Denn in Kanban ist es möglich, dass jemand eine Arbeit unterbricht (was im Board deutlich vermerkt werden muss). Hat diese Person zu viele andere Arbeiten kann es zu einer Verzögerung kommen, die die gesamte Entwicklung betreffen kann.

Wenn ein Design fertig ist, ein Code geschrieben oder ein Produkt getestet, dann wird es mit "Fertig" oder "Done" markiert. Und dann passiert so lange nichts, bis sich jemand dieses Ticket holt und ausliefert. Das ist der große Unterschied zwischen Kanban und anderen Systemen. Etwas wird fertig gestellt und als solches markiert, aber es wird nicht weitergeschoben, sondern muss geholt werden. Damit stellt Kanban sicher, dass nur so viel in Arbeit ist, wie auch tatsächlich benötigt wird.

In der Softwareentwicklung holt sich der Designer die Elemente aus der To-Do-List, der Entwickler die fertigen Elemente aus dem Designer Bereich und der Tester die fertig entwickelten Produkte. So hast Du immer eine Übersicht über den Fluss in der Produktion und kannst mit einem Blick sehen, welche Spalten gefüllt sind (was ein Stocken bedeutet) oder leer sind (was ebenfalls eine Störung darstellt, weil sich die Mitarbeiter keine Arbeit holen).
Um etwas mehr Übersicht zu haben, welche Arbeit innerhalb eines Bereichs fertig ist, kannst Du die Design-, Entwicklung- und Testing-Spalten noch unterteilen in Doing und Done, und in diesem Fall wird ausnahmsweise das Ticket in den Done-Bereich verschoben. Dies

ist aber weniger ein Teil des Workflows, als ein Mittel, um das Board übersichtlicher zu halten.

Wenn Deine Firma und Dein Team noch niemals mit Agile gearbeitet haben, wirst Du am Anfang etwas helfen müssen, das Pull-System zum Laufen zu bringen. Denn meistens waren Mitarbeiter gewohnt, dass ihnen die Arbeit zugeteilt wird, jetzt müssen sie sich diese eigenständig holen. Das morgendliche Meeting am Kanban Board kann dieses Problem auch etwas auffangen, indem man gemeinsam bespricht, wer sich um welche Arbeit kümmert.

Bei der Einführung von Kanban wirst Du in einem kleineren Team nur ein Board haben, geht es aber darum Kanban in einem größeren Betrieb einzubringen, wirst Du zuerst etwas planen müssen. Die ADACOR Group stand vor der Aufgabe, Kanban verwenden zu wollen, musste sich aber zunächst einmal überlegen, wie es organisiert werden könnte. Hier ging es nicht um ein Projekt, sondern darum, Kanban grundsätzlich als Taskmanagement zu verwenden. Das bedeutete aber schon wegen der vielen Tasks, dass man mindestens pro Abteilung ein Board aufstellen musste. Die

Firma hat in ihrem Blog beschrieben, wie es helfen konnte, bestimmte Teile in Kanban zu automatisieren:

Ein Entwickler soll grundsätzlich nach Beendigung der Programmierung auf bestimmte Standards prüfen und dann die Aufgabe an einen anderen Mitarbeiter zum Testing übergeben.

Um diese Anforderung erfüllen zu können, haben wir in mehreren Entwicklungsmeetings ein Spaltenregelsystem konzipiert, bei dem die Spalte eines Boards mit konfigurierbaren Regeln versehen werden kann, die dann definierte Aktionen auslösen, sobald ein Task in oder aus der entsprechenden Spalte verschoben wird. Dabei kann aus einem Set an vordefinierten Regeln gewählt und dann festgelegt werden, für welche Spalte die Regel gelten soll und ob sie auf eingehende bzw. ausgehende Tasks oder nur auf bestimmte Tasktypen angewendet werden soll.

Die vordefinierten Regeln umfassen z. B.: Erzwingen eines Mitarbeiterwechsels.

Versenden einer Info-Mail (Empfänger konfigurierbar).

Erzwingen eines Kommentars.

Bestätigen einer Checkliste (Checklistenpunkte konfigurierbar).

Aufgrund der Fülle an Features und der entsprechenden Komplexität ließen wir alle Überlegungen und Konzepte nach jedem Konzeptionsmeeting jeweils ein paar Tage ruhen und auf uns wirken und sprachen im Team täglich darüber. Im nächsten Konzeptionsmeeting wurde das Thema dann erneut besprochen, bis wir uns einig waren, einen guten Ansatz entwickelt zu haben.[5]

---

[5] Krack, S. (2013): Erfahrungsbericht einer Kanban-Implementierung. URL: https://blog.adacor.com/erfahrungsbericht-kanban-implementierung_874.html [Stand: 31-07-2018]

5.4 Serviceklassen und -typen

Wenn Du jetzt die Grundstruktur für Dein Board festgelegt hast und die ersten Elemente in die To-Do-Liste einträgst, wirst Du feststellen, dass es schnell unübersichtlich wird. Denn selbst die Trennung zwischen Design, Entwicklung und Testen reicht noch nicht aus. Es braucht zwei weitere Elemente: Serviceklassen und Servicetypen.

Bei den Klassen handelt es sich um Beschreibungen, wann und warum etwas eher bearbeitet werden muss. Du kannst es auch als Prioritäten verstehen, die aber eine bestimmte Grundlage haben. Diese ist oft der Cost-of-Delay. Gemeint ist damit: Welche Kosten entstehen, wenn dieses Element nicht bearbeitet wird? Diese Kosten musst Du nicht in Euro und Cent aufschreiben, es geht eher darum sich bewusst zu sein, welche Auswirkungen ein bestimmtes Element hat.

Die **Serviceklassen** können sein:

- Dringliche Bearbeitung
- Muss bis ... bearbeitet sein
- Express-Bearbeitung

- Kosten (noch) nicht darstellbar

Als Beispiel kann ein Online-Shop dienen: Wurde ein Ticket eröffnet, das besagt, dass die Last am Webserver zu hoch ist, dann hat das höchste Priorität, weil der Server unter Umständen ausfallen oder zu langsam werden könnte. Hier ist dringliche Bearbeitung angesagt.

Ein Ticket kann zum Beispiel die Entwicklung einer statischen Seite für ein Sommerangebot sein: Diese Seite muss dann logischerweise bis zum Sommer auch fertig sein und bekommt eine zeitdefinierte Serviceklasse.

Manchmal kann trotz bester Planung ein kleines Teil fehlen, zum Beispiel zwei Felder eines Bestellformulars. Da die Nichtbearbeitung (und damit die Nicht-Freischaltung) des Bestellformulars hohe Kosten verursachen kann, ist es günstiger, diese Arbeit mit einer Express-Bearbeitung durchzuführen. Allerdings musst Du sehr darauf achten, dass es nicht zu viele Elemente aus dieser Klasse gibt.

Bei den Kosten, die noch nicht bekannt sind, kann es sich um Elemente handeln, die eventuell hohe Kosten verursachen können, Du aber nicht weißt, ob und wann: Ein Beispiel kann sein, dass es Änderungen beim Cloud-Anbieter geben kann, Du aber noch nicht sagen kannst, wie diese Dein Produkt betreffen werden.

Die letzte und am meisten verwendete Klasse ist Normal oder Standard, die für nicht dringliche Tagesarbeiten verwendet wird.

Achtung: Du solltest eine Regel aufstellen, wie viele Elemente der verschiedenen Serviceklassen es gleichzeitig geben darf, ähnlich der Regel, die die Elemente in den verschiedenen Work-in-Progress Spalten beschränkt. Damit es Dir noch etwas einfacher fällt, die Arbeiten zu unterteilen, gibt es die Servicetypen.

Bei den **Servicetypen** geht es darum, die Art der Arbeit etwas genauer zu definieren. Nehmen wir an, es wird ein Teil des Produkts getestet und der Test fällt negativ aus. Dann muss es überarbeitet werden und wandert wieder in die To-Do-Liste: Woher aber wissen die jeweiligen Mitarbeiter, dass es sich um eine Reparatur handelt? Hier kommen die Servicetypen ins Spiel.

Die gängigen Typen sind:

- Feature
- Change
- Bug

Und auch bei diesen Servicetypen kannst Du wiederum Beschränkungen einbauen, zum Beispiel dürfen nur 10 Features gleichzeitig gestaltet, entwickelt und getestet werden, oder Du hast nur 5 Bugs im Work-in-Progress. Diese Beschränkungen werden oft auch als Swimlanes verwendet.

Eine gute Regel bei Kanban ist: „Lade nicht mehr auf den Teller, als Du essen kannst."[6] Genau dafür sind viele der Regeln da, die vor allem die Arbeit beschränken. Zu einfach ist es, alle Ideen und Jobs auf ein Board niederzuschreiben und dann zu warten, ob sich jemand die Arbeit auch holt. Bei Porsche hatte man Kanban in der IT eingeführt. Um ein Überlaufen gleich am Anfang zu vermeiden (die Input-Falle), gab es zunächst ein

---

[6] Bonrad, O. (2017): Mit Kanban das Chaos beherrschen: unsere Erfahrungen bis heute. URL: https://www.porscheinformatik.at/mit-kanban-das-chaos-beherrschen-unsere-erfahrungen-bis-heute/ [Stand: 20-07-2018]

klassisches Backlog. Dieses wird von einem Team verwaltet, dass wöchentlich neue Elemente entnimmt und aufs Board bringt. Das geschieht meistens nach Kriterien wie Dringlichkeit oder Zeitvorgaben. So können die Porsche-Mitarbeiter schon einmal die gesamte Menge der Arbeit recht gut steuern. Eine Ausnahme stellen Change-Requests dar: Sie werden direkt ins Board eingetragen, als To-Do, und werden dann in den morgendlichen Meetings priorisiert.

Aufgaben werden bei Porsche als Tickets bezeichnet, die sich die Mitarbeiter holen. Der Prozess sieht wie folgt aus:

„Jede Aufgabe (Ticket) wandert auf dem Board von links nach rechts und durchläuft nacheinander die Spalten Arbeitsvorbereitung, Implementierung, optional Integration, sowie interne oder externe Abnahme, bis sie erledigt ist. Dieser Ablauf – so hat sich in der Analyse herausgestellt – passt praktisch für alle unsere Tätigkeiten.

Das Ticket enthält unter anderem den Arbeitstitel, Auftrag vom Kunden oder interne Verbesserung, und hat Platz für farbliche Markierungen. Mit farbigen Punkten werden die verschiedenen Teams dargestellt, die bei dem Ticket involviert sind. Je nach Team gibt es noch Marker für einzelne Mitarbeiter, sowie – ganz

wichtig – auch Platz für einen Blocker. Dieser sticht optisch hervor und enthält eine kurze Info, wieso das Ticket nicht weiter bearbeitet werden kann, also was genau (als externe Ursache außerhalb des Arbeitsbereiches) das Ticket blockiert.
Die Tickets bewegen sich also von links nach rechts, die Bearbeitung erfolgt jedoch von rechts nach links. Somit wird angefangene Arbeit beendet, bevor eine neue begonnen wird."[7]

Gerade durch die farbige Gestaltung konnten die Autobauer zusätzliche Ebenen einbauen, die vor allem die Mitarbeiter den Aufgaben besser zuordnen konnten.

---

[7] Bonrad, O. (2017): Mit Kanban das Chaos beherrschen: unsere Erfahrungen bis heute. URL: https://www.porscheinformatik.at/mit-kanban-das-chaos-beherrschen-unsere-erfahrungen-bis-heute/ [Stand: 20-07-2018]

5.5 Kanban Meetings

Kein Projektmanagement kommt ohne regelmäßige Meetings aus. Auch wenn es sich hier um ein Lean Management, also ein schlankes Management handelt, das vor allem den bürokratischen Wasserkopf reduzieren soll und den Prozess beschleunigen soll, wird man sich immer wieder zusammensetzen müssen, um den Fortgang des Prozesses und Projektes zu besprechen.

Am wichtigsten ist das Morgen-Meeting, das in etwa dem Daily Scrum entspricht. Hier treffen sich alle Beteiligten jeden Morgen am Kanban-Board und besprechen die wichtigsten Aufgaben für den Tag. Es geht hierbei darum, dass alle die gleichen Informationen haben, und dass man schnell und effektiv entscheidet, wie der Prozess weiterhin im Fluss gehalten wird. So kann zum Beispiel die Person, die für das Befüllen der Work-in-Progress-Spalte zuständig ist, Hinweise geben, was eine Priorität hat und warum. Oder aber der Delivery Manager kann darum bitten, nicht alle Arbeiten zur gleichen Zeit abzuliefern, weil sie sonst nicht schnell genug von Kunden abgenommen werden können. Diese Morgen-Meetings sollten nicht länger als 15 Minuten dauern und so früh wie möglich stattfinden, also möglichst zu Beginn des Arbeitstages.

Bei Porsche hat man sich an die 15 Minuten Regel gehalten und durchaus gute Erfahrungen gemacht, sagt Oliver Bonrad, der Mitglied im Team Porsche Server Client Operation ist. Vor allem die Kommunikation zwischen den Abteilungen und innerhalb des Teams sei durch die straff geführten Meetings verbessert worden. Auch der unnötige und langwierige E-Mail-Verkehr wurde deutlich reduziert: Gab es ein Problem, setzte man sich zusammen und fand eine Lösung. Das ging schneller und mit besserer Qualität als zuvor. Ein weiterer Vorteil war, dass an den Meetings auch Mitarbeiter teilnahmen, die nicht immer in die direkte Arbeit einbezogen werden. Sie bekamen aber ein besseres Verständnis wie bei den Porsche-ITlern gearbeitet wird, was das Betriebsklima erheblich verbesserte.

5.6 Nachschubmeeting

Eines der Herzstücke von Kanban ist, dass das System einen reibungslosen Nachschub sicherstellt. In der Industrie wird das mit einfachen Karten gemacht: Hat ein Container eine bestimmte Mindestmenge erreicht, wird eine Karte entnommen und eine Neubefüllung angeordnet. So wird sichergestellt, dass immer genügend Rohstoffe vorhanden sind. Bei der Softwareentwicklung ist das etwas schwieriger. Man hat nicht wirklich einen Behälter mit Nullen und Einsen, aus denen Codes geschrieben wird. Stattdessen hat man die Requirements und die Beschreibungen der Produkte. Allerdings werden diese nicht automatisch nach-geschoben, sondern müssen priorisiert werden. Dieser Prozess ist eine der Schwächen bei Kanban in der Softwareentwicklung, weil der den Fluss am ehesten ins Stocken bringen kann. Umso wichtiger ist, dass in den Nachschubmeetings klar und deutlich gemacht wird, nach welchen Regeln[8] neue Aufgaben in den Work-Prozess geschoben werden oder wie sich die Entwickler diese Aufgaben entnehmen können. Die

[8] Singh, M. (2017): 7 Factors for running an effective Kanban Replenishment Meeting. URL: https://www.digite.com/blog/kanban-replenishment-meeting/amp/ [Stand: 02-08-2018]

Nachschubmeetings können wöchentlich oder alle zwei Wochen stattfinden, meistens ist das abhängig von dem Fortschritt des Projekts.

Sinn und Zweck:

Allen Beteiligten sollte klar sein, warum es dieses Meeting gibt und warum sie daran teilnehmen, sowie was von ihnen erwartet wird. Es geht nicht darum, Aufgaben in ihrem Inhalt zu diskutieren, sondern sie so zu ordnen, dass klar ist, welche wann entnommen und bearbeitet werden können. Es geht immer darum, was für den Arbeitsfluss am besten ist und das Produkt weiterbringt und weniger um die eigentlichen Features einer bestimmten Aufgabe – auch wenn diese natürlich einen Einfluss auf die Priorität haben. Meistens ist das vom Team sehr schnell erledigt, bereite Dich aber darauf vor, dass wenn Stakeholder teilnehmen, es etwas langwieriger sein kann. Versuche dann, ein Zeitlimit einzuführen.

Kriterien:

Um Diskussionen zu verhindern solltest Du klare Kriterien formulieren, nach denen Aufgaben aus der To-Do-Liste entnommen werden können. Hier kann es manchmal zu Konflikten zwischen den verschiedenen

Beteiligten kommen, weil eben jeder seine Aufgaben als besonders dringlich ansieht. Deswegen können Dir folgende Kriterien etwas helfen, Ordnung ins Chaos zu bringen:

- **Risiko**: Welches Risiko besteht, wenn die Aufgabe nicht gemacht wird? Welche Prozesse sind damit verbunden, wenn sie keine Priorität hat?
- **Kosten der Verzögerung**: Wenn eine Aufgabe nicht gleich erledigt wird, kann das unter anderem die Kosten in die Höhe treiben. Auch wenn das ein sehr bekanntes Kriterium ist, wirst Du manchmal Probleme haben, die Kosten wirklich als Zahlen darzustellen. Zum Beispiel kann ein Feedbackformular wichtig sein, aber welche Kosten verursacht es, wenn es noch etwas liegen bleibt? Oftmals wirst Du hier schätzen müssen oder aber nachschauen, ob die einzelnen Produktteile bereits im Projektplan beziffert worden sind.
- **Abhängigkeiten:** Das ist oft ein schlagkräftiges Argument für eine hohe Priorität: Wenn andere Produktteile davon abhängig sind und bei einer Nichtbearbeitung warten müssten. Du

kannst hier auch ein Risiko als Blockrisiko bezeichnen und eine Skala von 1 bis 5 verwenden: 5 steht dafur, dass es sicherlich Blockierungen mit sich bringt. Welche Kriterien Du anlegst, hängt immer auch vom Projekt und vom Team ab. Du solltest aber auf jeden Fall sicherstellen, dass alle diese Kriterien kennen und akzeptieren.

- **Arbeitsfluss:** In den Nachschubmeetings kannst Du dann auch – vor allem am Anfang – anhand der Kriterien erläutern, wie der Arbeitsfluss gewährleistet wird, immerhin ist dies ein Herzstück bei Kanban. Es muss allen klar sein, dass die Arbeit so schnell wie möglich entnommen wird, sobald Kapazitäten frei geworden sind, aber auch in die richtigen Kanäle geht, wenn zum Beispiel Swimlanes verwendet werden. Bei Kanban ist nicht so wichtig, wer sich die Arbeit holt, sondern vor allem, dass sie geholt wird. Oftmals kann es bei den Nachschubmeetings auch neue Erkenntnisse geben, die zum Beispiel dazu führen können, dass Du ein neues Board aufmachen musst, weil ein Prozess besser ausgelagert wird, oder aber, dass Du neue Swimlanes brauchst, weil ein bestimmtes Team nicht getrennt werden sollte.

5.7 Auslieferungsmeeting

Hier kommen die Kunden ins Spiel. Bei diesem Meeting, das monatlich stattfinden kann, geht es darum, was der Kunde in welchen Abständen ausgeliefert haben will. Denn so schön es ist, dass Kanban, wenn es optimal läuft, ständig neue fertige Produktteile ausliefert, so überwältigend kann das für den Kunden sein. Bei den Auslieferungsmeetings wirst Du das Team und den Kunden zusammenbringen und ihr werdet besprechen, welche Elemente der Kunde als nächstes erwartet, aber auch ob er in der Lage ist, diese entsprechend abzunehmen. Im Wesentlichen geht es darum, zu vermeiden, dass der Kunde mit Produkten überschüttet wird, gleichzeitig aber auch zu verhindern, dass Produkte deswegen nicht ausgeliefert werden und im Ausgang liegen bleiben.
Während das monatliche Meeting eher einen Planungscharakter hat, sollte man auch im Morning-Meeting darüber sprechen, welche Produkte an diesem Tag ausgeliefert werden und ob sie mit der Planung übereinstimmen. Wenn die Entwickler wissen, was ausge-

liefert werden soll, können sie auch besser entscheiden, welche Teile sie an diesem Tag abarbeiten werden.

5.8 Service Meeting

Kanban möchte vor allem den Kunden zufriedenstellen. Softwareunternehmen neigen dazu, sich nach einem angenommenen Projektplan abzuschotten und an die Arbeit zu machen, und den Kundenkontakt darauf zu reduzieren, dass man ihm fertige Arbeit abliefert. Bei einem Servicemeeting geht es darum, zu evaluieren, ob der Kunde zufrieden ist mit dem Prozess, den bislang abgelieferten Produkten und der Art und Weise wie er behandelt wird. Diese Meetings können intern abgehalten werden. Am einfachsten nimmst Du die zuletzt ausgelieferten Arbeiten und besprichst mit dem Team, wie der Kunde sie aufgenommen hat, aber auch ob sie gut genug waren, dem Kunden überhaupt vorgelegt zu werden. Es geht zwar auch darum, was der Kunde an Feedback gibt, aber eben auch darum, ob alle im Team verstehen, was der Kunde möchte und sich daran entsprechend orientieren. So kann es vorkommen, dass ein Entwickler sich an die Arbeit macht, ein Formular zu entwickeln, weil er das gerne macht,

der Kunde aber dringender eine andere Funktionalität benötigt.
Bei diesen Meetings wird auch besprochen, wie man mit Reklamationen umgeht und umgegangen ist und wie der Kunde auf diese reagiert hat. Es wird immer etwas schiefgehen, wichtig ist, dass Du in der Lage bist das Problem mit dem Kunden gemeinsam zu lösen und ihm das Gefühl zu vermitteln, auch bei Schwierigkeiten bei Dir und Deinem Team in guten Händen zu sein.

5.9 Risiko Meetings

Weil auch der beste Plan schiefgehen kann und es immer wieder Ereignisse gibt, die auch ein Kanban-system nachhaltig stören können, solltest Du Dich ständig auf bestehende Risiken vorbereiten. In den Risikomeetings wird deshalb besprochen, ob man solche Risiken bereits kommen sieht, aber auch welche entstehen können und welchen Einfluss sie haben können.

Ein schwerwiegendes Risiko kann zum Beispiel sein, dass es zu einem Stau von fertiger Arbeit kommt, weil auf der Kundenseite plötzlich Ressourcen fehlen, um die Arbeit auch anzunehmen. Das kann (und wird)

Deinen Fluss erheblich beeinflussen. Wenn Du Dir vorher Gedanken gemacht hast, welche Risiken entstehen können bist Du besser in der Lage, sie auch zu managen.

Schon bei der Planung des gesamten Projektes solltest Du eine genaue Risikoanalyse gemacht haben, so dass bei den Risikomeetings nur noch angeschaut werden muss, ob diese eingetreten sind oder wie hoch die Wahrscheinlichkeit ist, dass sie eintreten werden.

Du kannst aber auch die Risikomeetings zum Anlass nehmen, aus gemachten Fehlern zu lernen. Sie sind der richtige Ort, um Fehler zu analysieren und gemeinsam Ideen zu entwickeln, wie solche Fehler in Zukunft vermieden werden können.

Ein Risikomeeting kann einmal im Monat abgehalten werden oder aber auch dann, wenn man ein Problem zu lösen hat, das bisher unbekannt war. Außerdem kannst Du natürlich in den morgendlichen Meetings bekannt geben, welche Fehler passiert sind, was man daraus gelernt hat und wie man sie vermeiden will.

Gerade bei der Softwareentwicklung können immer wieder Fehler geschehen, deren Auswirkungen unter Umständen erst später sichtbar werden. Damit Deine Teammitglieder sich auf Fehler vorbereiten können, kannst Du regelmäßige Kurz-Workshops machen, in denen es vor allem darum geht, das Wesen des Fehlers zu verstehen und ihn als Teil des Workflows zu sehen. Teilnehmer müssen dabei lernen, dass Fehler entstehen und solange kein Problem sind, solange sie transparent sind und bearbeitet werden.

5.10 Strategie-Meetings

Diese Besprechungen werden nur dann abgehalten, wenn es einen Grund gibt, die bisherige Strategie ändern zu müssen. Dabei geht es weniger darum, ob der Kanban-Prozess Probleme aufweist, sondern um das Produkt an sich. Nehmen wir an Du entwickelst gerade eine Software, mit der man Lohnsteuer einfacher berechnen und verwalten kann. Plötzlich kommt der Gesetzgeber auf die Idee, neue Berechnungsgrundlagen einführen zu wollen. Jetzt musst Du Dein Produkt strategisch neu ausrichten, zum Beispiel von "Der einfachste Lohnsteuer-Rechner" zu "Der aktuellste Lohnsteuer-Rechner", was natürlich auch die schnelle Anpassung an das neue Recht beinhaltet.

Ein anderer Grund kann sein, dass plötzlich ein Mitbewerber auftaucht, der ein ähnliches Produkt entwickelt. Jetzt gilt es, eine neue Ausrichtung zu finden, einen neuen Markt, schneller zu sein oder aber den Kampf aufzunehmen. Welche Lösung Du auch immer ins Auge fasst, auf jeden Fall muss über die Strategie nachgedacht werden.

Bei Porsche hatte man nach einiger Zeit festgestellt, dass Kanban zwar sehr gut funktioniere, man es aber weiter feintunen müsse. So wurden einige Spalten, die eine erledigte Arbeit genauer definierten wieder abgeschafft, was zur Folge hatte, dass Mitarbeiter mehr Platz hatten, um Aufgaben zu gruppieren. Eine andere Idee, die aufkam, war, eine Swimlane nicht nur einem Service-Team zu zuzuordnen, sondern auch auf weitere Teams auszudehnen. Solche Experimente sind gut und wichtig bei Kanban, und Du solltest ebenfalls flexibel genug sein, das System ständig anzupassen. Genau diese Anpassungen können in den Strategie-Meetings angesprochen werden. Die IT-Spezialisten des Autobauers hatten sich auch einen Parkplatz für Tickets eingerichtet, die entweder weiter in der Zukunft lagen oder aber die Mitarbeit von Dritten benötigten, die aber noch nicht vorhanden waren. Das Problem mit diesen Tickets war nämlich, dass sie die Menge des Work-in-Progress blockierten, ohne dass jemand in der Lage war, sie zu bearbeiten. Allerdings wirst Du bei einem solchen Parkplatz darauf achten müssen, dass die dort abgestellten Tickets nicht in Vergessenheit geraten.

Wichtige Voraussetzungen für die Meetings

Von Scrum kann man lernen, dass Meetings Time-boxed sein sollen, also eine genaue und meist knappe Zeitvorgabe haben sollen. Das morgendliche Meeting sollte nicht länger als 15 Minuten dauern. Alle anderen Meetings sollten 30 Minuten nicht überschreiten. Eine Ausnahme können Risiko- und Strategie-Meetings bilden. Jedes Meeting, außer dem Morgenmeeting, muss eine Agenda haben, die den Teilnehmern rechtzeitig zur Verfügung gestellt wird. Jeder Teilnehmer wird vorher aufgefordert, Ideen zu entwickeln, worüber gesprochen werden soll.

Die obige Liste beinhaltet eine Menge Meetings und mancher denkt jetzt an die zahllosen Besprechungen, die man in Projektteams hat, vor allem in großen Organisationen. In Kanban gibt es keine feste Regel, wann eine Besprechung stattzufinden hat (mit Ausnahme der Morgenbesprechung), und deshalb sind Kanban-Meetings auch Anlass-basierend. Gibt es einen

Grund, sich zusammenzusetzen, dann wird das getan. Läuft alles prima, muss man sich auch nicht treffen.

Der Kanban-Fachmann David Anderson hat diese Meetings die sieben Cadences des Kanban genannt, aber gleichzeitig darauf hingewiesen, dass man diese eher im Hinterkopf behalten sollte, als jeden Tag Outlook-Einladungen zu verschicken. Mittlerweile haben einige Firmen auch die Morgen-Meetings auf drei Mal pro Woche beschränkt, weil es einfach nicht genug zu besprechen gab und man die Zeit lieber in die aktuelle Arbeit steckte.

5.11 Verantwortlichkeiten in Kanban

Anders als bei Scrum, wo die Rollen sehr wichtig sind, ist bei Kanban die Verantwortlichkeit weniger strikt festgelegt. Das bedeutet aber nicht, dass hier Anarchie herrscht. Es haben sich in der Praxis zumindest drei Rollen etabliert, die bei den meisten Kanbanprojekten zu finden sind.

5.11.1 Projektleiter

Der Projektleiter ist dafür verantwortlich, dass Kanban läuft, dass der Fluss entsprechend vorhanden ist und er nur eingreifen muss, wenn es bestimmte Probleme gibt. Er hat dafür zu sorgen, dass alle notwendigen Ressourcen vorhanden sind, vor allem was das Personal betrifft. In seine Zuständigkeit kann es auch fallen, wenn Kanban ausgedehnt werden muss, zum Beispiel zu Zulieferern oder externen Dienstleistern. Bei der Softwareentwicklung kann das zum Beispiel dann der Fall sein, wenn bestimmte Bereiche außer Haus programmiert werden. Meistens sind das Spezialaufgaben, wie Künstliche Intelligenz oder Virtual Reality. Dennoch müssen sie eine Einbindung in den Kanban Prozess haben und es ist Aufgabe des Projektleiters, dies sicherzustellen. Wie alles bei Kanban wird aber auch das gemeinsam mit dem Team bewerkstelligt.

Oftmals muss der Projektleiter auch die Stakeholder befriedigen. Er hält den Kontakt zu den Kunden, vor allem auf der Geschäftsführungsebene, oder zu den Abteilungsleitern, wenn ein Projekt innerhalb einer Organisation durchgeführt wird. Meist gibt es ein monatliches Meeting, in dem der Fortschritt besprochen wird. Während es bei industriellen Kanban-Projekten vor allem darum geht, ob alles reibungslos läuft, wird es bei der Software darum gehen, wie weit man mit der Fertigstellung ist.

5.11.2 Service Request Manager

Der Service Request Manager hat vor allem die Aufgabe, die Interessen des Kunden zu verstehen und seine Wünsche im Kanban-Fluss darzustellen. Konkret heißt das: Er stellt sicher, dass die Arbeit, die jeweils erledigt wird, auch die ist, die gerade die höchste Priorität hat und am besten geeignet ist, um einen Fortschritt zu erzielen. Man kann ihn auch als einen Produkt Manager oder Operations Manager bezeichnen. Rollennamen sind nicht wichtig in Kanban, aber Du wirst jemanden brauchen, der sich darum kümmert, dass die Arbeit verteilt wird, und der einen Überblick hat, ob zum Beispiel neue Arbeit auch ausreichend definiert ist. Wenn zum Beispiel in der Konzeptionsphase für eine Taxisoftware Kreditkarten eine Bedingung sind, dann muss auch sichergestellt werden, dass man die Rechte zur Verwendung hat und eine entsprechende Vereinbarung für die Nutzung der Schnittstelle des jeweiligen Kartendienstes vorliegt.

5.11.3 Delivery Request Manager

Der Delivery Request Manager arbeitet eng mit dem Projektleiter und dem Service Request Manager zusammen, hat seinen Fokus aber auf die bereits fertig gestellten Teile einer Software. Seine Aufgabe ist es, diese fertigen Elemente dem Kunden abzuliefern und sie vom Kunden abnehmen zu lassen. Er ist auch meistens die Person, die zusammen mit dem Projektleiter die Kanbanmeetings leitet und die Planung für die Auslieferung von fertiger Arbeit macht. In Projekten, in denen es wichtig ist, möglichst schnell fertige Arbeit zu bekommen, wird er der Flow Master sein, der von der Auslieferungsseite den Flow sicherstellt. Dort wo es wichtiger ist, dass die richtigen Elemente zuerst abgearbeitet werden, wird der Service Request Manager diese Tätigkeit übernehmen.

6. Digitale Werkzeuge und Tools, um Kanban zu benutzen

Um Kanban über eine Software zu verwenden, kannst Du verschiedene Software-Lösungen benutzen. Nachfolgend findest Du eine Auswahl, die vor allem die Bandbreite zeigen soll, in der es Angebote gibt. Oft sind Software-Lösungen auch auf bestimmte Industrien maßgeschneidert, zum Beispiel eben Softwareindustrie oder Logistik. Es herrscht keine Einigkeit darüber, ob man ein traditionelles Board oder eine Software bei Kanban nutzen sollte. Das Board ist immer dann angebracht, wenn die Teams klein sind und jeder jederzeit Zugang zum Board hat. Je komplexer die Arbeit wird, umso eher wirst Du eine Software verwenden wollen. Ein großer Vorteil der Programme ist, dass sie sehr schnell Berichte erstellen können. Auch wenn Kanban per se schon einen guten Überblick über den Fortschritt des Projekts gibt, kannst Du mit Softwareanalysemethoden noch besser sehen, ob und wo es zu Unstimmigkeiten kommt.

6.1 Trello

Eine der einfachsten Lösungen, die sich aber hervorragend für den Einstieg eignet, ist Trello. Dahinter steckt ein Online-Service, der es Dir ermöglicht, Boards selbst anzulegen und zu konfigurieren. Du kannst mit drei Spalten "To Do - Doing - Done" beginnen und das Ganze dann Stück für Stück anpassen. So kannst Du zum Beispiel ein Board anlegen, mit dem Du das eigentliche Board planen willst, und bequem zwischen den beiden Boards hin und her springen.

Auch wenn Trello sich selbst nicht als Kanban-Lösung sieht, hat es alles was Du für Kanban eigentlich brauchst. Du kannst zum Beispiel die Menge der Tickets in einer Spalte reduzieren (es gibt kein Menü dafür, Du musst einfach die Zahl, die dem Maximum entspricht, in eckige Klammern setzen, also zum Beispiel Testing [5]. Wenn es mehr als fünf Testtickets gibt, dann färbt sich die Spalte rot). Diese Spalten werden in Trello Listen genannt, Du kannst so viele Listen erstellen, wie Du willst, sie werden nacheinander horizontal dargestellt. Die Tasks oder Tickets heißen in Trello Cards. Diese Cards kannst Du mit einem Datum versehen, einer Farbe, Du kannst einen Mitarbeiter dafür verantwortlich machen (oder auch mehrere) und Du kannst auch Subtasks erstellen. Ist ein Task erledigt, wird er per Drag and Drop einfach in die nächste Spalte verschoben.

Der Nachteil bei Trello ist, dass vor allem die mobile Version Dir keinen guten Überblick gibt. Sie zeigt Dir zwar Deine Tasks an, aber Du kannst den Flow in Kanban nicht gut erfassen. Je mehr Spalten, umso schwieriger wird es, auch weil die Cards sehr textlastig sind. Und wie alle online-basierten Systeme musst Du für jeden Mitarbeiter extra zahlen.

Dafür ist Trello aber sehr intuitiv zu benutzen und braucht keine lange Einführungsphase sowie kaum Schulung.

6.2 Leankit

Sehr populär ist Leankit, auch weil das Unternehmen es sich zur Aufgabe gemacht hat, das Wissen um Kanban weiterzugeben und zu verbreiten. Im Blog der Firma wirst Du hervorragende Beiträge zum Thema Kanban und Projektmanagement finden. Der Name besagt schon, dass man hier versucht Werkzeuge für die Lean Production und Agile Development zur Verfügung zu stellen. Ist Trello für den Anfänger, so wird Leankit von großen Firmen verwendet und versucht, verschiedene Lean-Methoden zu integrieren. Es kann somit für Kanban als auch für Scrum verwendet werden. Im Mittelpunkt steht hierbei die Sichtbarkeit, Karten sind durchgehend gefärbt. Das Unternehmen selbst sagt: "Unsere Produkte sind getragen von der menschlichen Präferenz für visuelle Informationen." Bei Leankit kannst Du auf einen Blick sehen, wie Dein Projekt läuft und dann in die Details eintauchen. Was besonders nett ist, sind die eingebauten Statistiken. Du kannst Dir alle Daten visuell hervorragend aufbereitet anzeigen lassen und so noch besser sehen, wo Dein Projekt derzeit steht und wo es Probleme gibt. Weil sich LeanKit vor allem an Unternehmen richtet, gibt es eine Enterprise Version, die fast unbegrenzt skalierbar ist. Natürlich wird Leankit auch als App angeboten. Auf einem iPad ist es übersichtlicher als auf einem Smartphone, aber immer noch anschaulicher als Trello.

6.3 Jira Software

Dieses Projektmanagement ist eigens für Softwareentwickler geschrieben worden, die agile Methoden wollen, aber auch online miteinander arbeiten möchten. Es kommt aus dem Haus Atlassian, die auch Trello vertreiben. Jira befindet sich aber auf einer wesentlich professionelleren Ebene als Trello. Die Basis bilden hier Storycards, die alle wesentlichen Information beinhalten und auch anzeigen, was sie etwas textlastig macht. Du kannst per Klick auf eine der Karten weitere Informationen abrufen oder auch einfügen. Die Boards sind bei Jira sehr einfach zu erstellen. Das Programm hilft Dir sogar dabei, ein Board entsprechend Deinen Wünschen zu entwickeln. Ebenso einfach ist es Work-in-Progress-Limits einzufügen, die dann nicht nur anzeigen, dass ein Limit erreicht ist, sondern neue Einträge auch zurückweisen. Jira ist sehr anpassungsfähig und kann leicht skaliert werden. Es spuckt Dir auf Wunsch eine Grafik über den Workflow aus, damit Du siehst, wie gut Dein Projekt performt, hat aber auch weitere Statistik-Tools an der Hand. Ein weiterer Vorteil ist, dass es auch Scrum-Funktionen eingebaut hat, solltest Du Dein Projekt mit Scrum und Kanban entwickeln. Für die Kanban-Puristen fehlt hier bei den Boards die visuelle Übersichtlichkeit, die Spalten sind nicht sauber getrennt, die Storys sehen sich zu ähnlich. Mehr Farbigkeit wäre hier wünschenswert. Wenn Du selbst Jira einrichtest, dann wirst Du etwas Zeit brauchen, um alle Funktionen zu verstehen. Ist das Board aber erst einmal eingerichtet, dann können Teams und Mitarbeiter recht schnell einsteigen und loslegen.

6.4 Kanbanize

Diese Software ist für den Kanban-Fan maßgeschneidert. Es gibt sie in drei Versionen: Portfolio als Unternehmenslösung, Team für Projekte und Personal für den persönlichen Gebrauch. Die Portfolio-Version gibt Dir einen kompletten Überblick, vor allem wenn es darum geht mehrere Projekte zu verwalten. Auch hier hat man das Visuelle vor die Details gestellt und Du wirst mit einem Blick feststellen, wo es in welchem Projekt hakt, ohne gleich die Details wissen zu müssen. Außerdem liefert Dir Kanbanize ständig aktuelle Reports über den Status der einzelnen Projekte – manchmal auch zu viele. Dennoch kannst Du mit individualisierten und automatisierten Berichten eine Menge Zeit sparen und schnell durch den Status Deiner Projekte blättern. Die Software ist außerdem in der Lage, Projekte miteinander zu verbinden. Das kann wichtig sein, wenn ein Mitarbeiter in zwei Projekten arbeitet und eigentlich in einem Projekt schon genug Arbeit hat. Gibt es ein Limit für Tasks pro Mitarbeiter als Regel, wird dann eine Warnung angezeigt oder es werden weitere Tasks für den Mitarbeiter blockiert. Gleiches gilt auch für die Nutzung von anderen Ressourcen.

In der Teamlösung kannst Du ein Projekt durchführen und jederzeit sehen, wie gut der Fortschritt ist. Auch hier ist viel Wert auf die optische Gestaltung und Übersicht gelegt worden. Was Deine Mitarbeiter und auch Dich freuen wird ist, dass Berichte automatisch erstellt werden. Solltest Du an Deinen Chef berichten müssen, wird Kanbanize automatisch einen Status-report erstellen, je nachdem welche Vorgaben für diese Berichte gemacht worden sind. Wie in den meisten Agile-Umgebungen ist auch Kanbanize sehr auf Kollaboration und Transparenz ausgelegt. Teammitglieder sollen ebenfalls die Möglichkeit haben das gesamte Projekt zu sehen und nicht nur ihre einzelnen Aufgaben. Kanbanize wird mittlerweile von großen Firmen wie dem

Lautsprecherhersteller Bose und dem Chemieriesen Roche sowie dem Fußballverein Arsenal verwendet.

6.5 Kanbantool

Die Firma Share Labs, die spezialisiert auf Webanwendungen ist, hat mit Kanbantool ein sehr vielseitiges Werkzeug für das Projektmanagement geliefert. Die polnische Firma hat nach eigenen Angaben 25.000 User weltweit, darunter auch prominente Namen wie Pirelli und Cisco.

Die Software will vor allem die Effizienz und Produktivität im Unternehmen und seinen Prozessen verbessern. Auch hier steht die Visualisierung im Mittelpunkt. Kanban richtet sich vor allem an große Unternehmen, wie man schon an der Gestaltung des Interface sieht, die sehr klar und nüchtern ist. Start-Ups, die verspielte Lösungen suchen, werden hier wohl eher abgeschreckt. Auf die Funktionalität hat das aber keinen Einfluss, Kanbantool bietet alles, was das Projektmanager-Herz begehrt. Es ist hervorragend dazu geeignet, auch sehr umfangreiche Projekte und große Mengen an Tasks zu bewältigen und macht es für Mitarbeiter einfach, zusammenzuarbeiten. Die Entwickler haben viel Wert auf die Datenanalyse gelegt, und Du kannst Dir für fast jeden Prozess einen eigenen Bericht ausgeben lassen. Der Service ist cloudbasiert, es gibt aber auch eine Lösung, die man sich auf dem eigenen Server installieren lassen kann. Die Kosten betragen in der Team-Lösung 5 Dollar pro User und Monat und in der Enterprise-Lösung 9 Dollar pro User und Monat. Damit liegt man im mittleren Preissegment bei solchen Lösungen.

6.6 Microsoft Surface Hub

Eine technologische Kompromisslösung ist der Microsoft Surface Hub. Dabei handelt es sich um einen sehr großen Touchscreen, der an der Wand befestigt oder auch einfach auf einem Ständer aufgestellt werden kann. Der Vorteil ist, dass man damit ein Board hat, dass recht mobil ist, eine visuelle Darstellung für alle bietet und dabei alle Daten auch elektronisch aufbereitet hat. Der Nachteil ist, dass das Gerät derzeit nur mit von Microsoft zertifizierten Apps funktioniert. Diese sind aber sehr stark auf Kollaboration, Projektverwaltung und Meetings ausgelegt, so dass man damit auch ein Kanban-Projekt managen kann. Hilfreich ist, dass es einen Touchscreen hat, was die haptische Erfahrung des echten Boards zumindest ein wenig simulieren kann. Ganz billig ist das Board aber nicht: Für den 83-Zoll-Bildschirm muss man stolze 22.000 Euro hinlegen.

7. Andere Anwendungen für Kanban

7.1 Wie man sein Warenlager mit Kanban organisiert

Kanban kann man nicht nur in der Produktion entsprechend seiner ursprünglichen Bedeutung benutzten oder aber in der Softwareentwicklung als agile Umgebung, sondern auch bei der Materialverwaltung, zum Beispiel in einem Krankenhauskonzern. Wie das funktioniert hat die Reliant Medical Group in einer Studie[9] dargelegt.

In einem Krankenhaus ist die Versorgung mit Medikamenten, aber auch mit anderem Material, wie Verbänden, Spritzen und Katheter sehr wichtig. Das Problem ist nur, dass Medikamente ein Haltbarkeitsdatum haben, das genau eingehalten werden muss, und an-

---

[9] Chung-Chuen-Yeung (2012): Implementing a Kanban Replenishment System at Reliant Medical Group. URL: https://web.wpi.edu/Pubs/E-project/Available/E-project-042512-135450/unrestricted/KanbanImplementation.pdf [Stand: 23-07-2018]

deres Material zum Teil schneller verbraucht wird, als es nachgeliefert wird, zum Teil aber auch zu lange in einem Warenlager liegt. Viele der Kliniken bei Reliant sind in Unterabteilungen untergliedert, zum Beispiel Pädiatrie und Orthopädie, und alle haben ihr eigenes kleines Warenlager. Bislang wurde einmal die Woche Nachschub geliefert, basierend auf den Einschätzungen der Mitarbeiter im Warenlager. Der Bestand wurde manuell erfasst, was zu vielen Fehlern führte.

Als Verbesserung führte man Kanban-Karten ein, die einer genauen Beschriftungsregel folgten: Eine Seriennummer, der Name, ob es intern oder extern bestellt werden muss, die jeweilige Einheit in der es geliefert wird (Box, Rollen etc.), wo es im Warenlager zu finden ist (Regalnummer), ab wann eine Neubestellung nötig ist und was die Minimummenge ist. Diese Karten lagen in jeder Box oder Schachtel. Außerdem wurden alle Materialien in zwei Boxen aufgeteilt. War eine leer, wurde die Kanbankarte entnommen und neu bestellt, während die zweite Schachtel sicherstellte, dass bis zur Lieferung noch genügend Material vorhanden war.

7.2 Wie man seinen Leben mit Kanban organisiert

Es ist heute üblich, dass man neben der Arbeit und der Familie noch viele andere Verpflichtungen hat, die eine Menge Zeit kosten, aber auch Organisation brauchen. Kanban kann auf einer sehr vereinfachten Ebene helfen, sein Leben zu organisieren und Stress zu reduzieren. Es kann auch innerhalb einer Familie helfen, Hausarbeiten zu organisieren, den Urlaub zu planen und die Finanzen zu überwachen.

Hierzu braucht es nur eine Tafel mit Post-It's oder anderen Karten, die eine Spalte hat, die mit "Zu tun" überschrieben ist, eine Spalte mit "In Arbeit" und eine mit "Erledigt". Ein Job kann zum Beispiel das Rasenmähen sein. Nehmen wir an, dass ist Deine Aufgabe. Dann nimmst Du die Karte mit der Aufschrift "Rasen mähen" und klebst sie in den Bereich "In Arbeit". Dann machst Du Dich ans Rasenmähen. Bist Du fertig, markierst Du die Karte, zum Beispiel mit einem Grünen-Haken-Sticker. Ein anderes Mitglied der Familie kann dann schauen, ob der Garten ordentlich gemäht wurde und die Karte in den Bereich "erledigt" verschieben. Was so kompliziert klingt, kann in einer Familie eine Menge Spaß machen, vor allem wenn alle

Familienmitglieder Arbeiten erledigen müssen und zum Beispiel die Kinder auch die Arbeit der Eltern als "erledigt" abnehmen müssen. Dadurch lernen sie Verantwortung zu übernehmen, aber erfahren auch, dass Du ihnen vertraust und dass man mit anderen zusammenarbeiten muss.

8. Zusammenfassung

Kanban ist eine in der Industriellen Produktion und auch in der Softwareentwicklung etablierte Methode, um während der Produktion oder der Entwicklung eines Produkts Material, Zeit und Personal-Ressourcen zu sparen. Wann immer Du ein Projekt hast, dass möglichst effizient verwaltet und durchgeführt werden soll, kann Kanban die passende Lösung sein.

Einer der großen Vorteile bei Kanban ist, dass es mit einem Unternehmen oder einem Projekt mitwachsen kann. Du kannst mit drei Spalten beginnen und am Ende ein drei Meter langes Board mit 10 Swimlanes haben, und 7 verschiedenen Spalten für den Work-in-Progress. Damit ist Kanban selbst auch ein Work-in-Progress und wird sich im Laufe des Projekts immer wieder verändern. Kanban ist nur eine Methode, um den Arbeitsfluss effizienter zu machen, kein Selbstzweck. Wenn Du an einem bestimmten Punkt feststellst, dass Kanban die Ziele, die es erfüllen soll, nicht mehr erreichen kann, dann solltest Du Dich nach einer anderen Lösung umschauen.

Gerade in der Softwareentwicklung hat sich gezeigt, dass gemischte Ansätze wie Scrumban besser funktionieren, weil sie geeigneter sind, das Wesen der Softwareentwicklung zu reflektieren. Besonders die Sprints können den Arbeitsfluss erheblich beschleunigen, auch wenn sie so nicht in Kanban vorgesehen sind.

Damit Kanban erfolgreich ist, solltest Du schon zu Beginn mit allen Beteiligten darüber gesprochen haben, was Du erwartest und vor allem auch was sie erwarten. Eine gute Zusammenarbeit, die auf einem gemeinsamen Verständnis dessen beruht, was man zusammen schaffen will (und auch wie), ist der Grundpfeiler für ein erfolgreiches Kanban-Projekt.

Das Buch soll Dir vor allem einen Überblick geben und einen Einstieg in die Welt des Kanbans vermitteln. Mit dem was Du gelernt hast solltest Du in der Lage sein, kleinere und mittlere Projekte mit Kanban zu steuern. Wenn ein Projekt aber zu groß wird oder aber Du selbst nicht die Zeit hast, Dich um die Einführung zu kümmern, solltest Du Rat und Hilfe von außerhalb suchen. So wie es heutzutage bei Scrum Berater gibt, haben sich einige auch auf Kanban spezialisiert und können dabei helfen, Kanban in einem Unternehmen einzuführen. So eine Beratung gibt es nicht umsonst, aber gerade bei Kanban hat sich gezeigt, dass man eine Menge Geld sparen kann, wenn man den Arbeitsfluss so effizient und schnell wie möglich gestaltet.

Dein Franz Millweber

Rechtliches und Impressum

Die Inhalte dieses Buches wurden anhand von anerkannten Quellen recherchiert und mit hoher Sorgfalt geprüft. Der Autor übernimmt dennoch keinerlei Gewähr für die Aktualität, Richtigkeit und Vollständigkeit der bereitgestellten Informationen.

Haftungsansprüche gegen den Autor, welche sich auf Schäden gesundheitlicher, materieller oder ideeler Art beziehen, die durch Nutzung oder Nichtnutzung der dargebotenen Informationen bzw. durch die Nutzung fehlerhafter und unvollständiger Informationen verursacht wurden, sind grundsätzlich ausgeschlossen, sofern seitens des Autors kein nachweislich vorsätzliches oder grob fahrlässiges Verschulden vorliegt. Dieses Buch ist kein Ersatz für medizinische oder professionelle Beratung und Betreuung.

Auflage 09/2018

Kontakt: Tim Ong/ Türkstr. 4/ 30167 Hannover
Coverfoto: vectorpouch/shutterstock.com
Formatierung: Franz Millweber

Quellenverzeichnis

Bonrad, O. (2017): Mit Kanban das Chaos beherrschen: unsere Erfahrungen bis heute. URL: https://www.porscheinformatik.at/mit-kanban-das-chaos-beherrschen-unsere-erfahrungen-bis-heute/ [Stand: 20-07-2018]

Chung-Chuen-Yeung (2012): Implementing a Kanban Replenishment System at Reliant Medical Group. URL: https://web.wpi.edu/Pubs/E-project/Available/E-project-042512-135450/unrestricted/KanbanImplementation.pdf [Stand: 23-07-2018]

Krack, S. (2013): Erfahrungsbericht einer Kanban-Implementierung. URL: https://blog.adacor.com/erfahrungsbericht-kanban-implementierung_874.html [Stand: 31-07-2018]

Laptick, S. (2016): How & Why to Use the Kanban Methodology for Software Development.URL; https://www.sitepoint.com/how-why-to-use-the-kanban-methodology-for-software-development/ [Stand: 22-07-2018]

Leankit Inc.: 10 Kanban Board Example. URL: https://leankit.com/learn/kanban/kanban-board-examples-for-development-and-operations [Stand: 05-08-2018]

Leopold, K. (2017): Flight Level: The Organizational Improvement Levels. URL: https://www.leanability.com/en/blog-en/2017/04/flight-levels-the-organizational-improvement-levels [Stand: 10-08-2018]

Singh, M. (2017): 7 Factors for running an effective Kanban Replenishment Meeting. URL: https://www.digite.com/blog/kanban-replenishment-meeting/amp/ [Stand: 02-08-2018]

Weigand: Die Kanban Methode in der Praxis. URL: https://www.weigang.de/de/themenwelt/methoden/kanban/kanban-anwendungsbeispiel [Stand: 20-08-2018]

36880900R00067

Printed in Poland
by Amazon Fulfillment
Poland Sp. z o.o., Wrocław